どんな時も誰でも、一生きれいが手に入る決定版

水井真理子の
寄り添い美容

集英社インターナショナル

Personal Beauty

は じ め に

　肌を見れば、その人がどんな生活を送り、普段どんなケアを
していて、どんな性格なのかがわかります。これは、長年トー
タルビューティアドバイザーとしてたくさんの女性の肌に触れ
てきた私の特技。よく「占い師みたい！」と驚かれます。誰も
がひとりひとり違う肌、もれなく違う〝きれいの種〟を持って
いる。そしてもちろん、悩みだって十人十色です。叶うものな
らば、ひとりひとりに会ってパーソナルカウンセリングをして、
悩みから解放するお手伝いをしたいけれど、現実的にはなかな
か難しい。そこで、私の分身のようにそれぞれの肌や悩みに寄
り添って語りかける、一生ものの心強いサポーターになる〝ス
キンケアの知恵袋〟のような本をつくりたいと思い立ちました。
どんな人でもすぐにできるような、肌・心・体をケアするため
のコツを2年の歳月をかけてまとめた、私の集大成です。きれ
いって、年齢や目鼻立ちにかかわらず、自分の可能性を信じて
大切にお手入れするときに宿り、育まれるものだと思うんです。
きれいの種は、その気になればいつからだって芽吹き、花を咲
かせることができます。毎日の暮らしの中で肩肘張らずに取り
入れられて、昨日より今日の肌に「いいね！」と笑顔になる。
明日の自分が楽しみになる。そんな美容を伝えることができた
ら、こんなにうれしいことはありません。

　　　　　　　　　　　　　　　　　　　　　　水井真理子

CONTENTS

はじめに ……04

Chapter 1 / 一生きれいが手に入る
寄り添い美容 17 のアドバイス

MARIKO'S ADVICE 1　どんなときだってきれいは近くにあると知る ……10

MARIKO'S ADVICE 2　言い訳、万歳！ ……16

BEAUTY COLUMN 01 — 水井真理子の顔色占い ……22

MARIKO'S ADVICE 3　肌を変えたいならまず洗い方を見直す ……24

MARIKO'S ADVICE 4　「手」を育てるのがきれいの近道 ……36

MARIKO'S ADVICE 5　知ると家宝になる基本のキ ……42

BEAUTY COLUMN 02 — Thank you は魔法の言葉 ……51

MARIKO'S ADVICE 6　つらいときは休むが勝ち ……52

MARIKO'S ADVICE 7　きれいの迷子は肌の声を聴け！ ……56

BEAUTY COLUMN 03 — 鏡の見方 Lesson ……61

MARIKO'S ADVICE 8　冷えは一寸も寄せつけるべからず ……62

MARIKO'S ADVICE 9　自分をちょっぴり好きになる ……66

MARIKO'S ADVICE 10　SOS には、美の救急箱 ……70

MARIKO'S ADVICE 11	肌も心もオアシス化計画	 80
MARIKO'S ADVICE 12	効く肌づくりはおっぱいから始まるコリほぐし	 84
MARIKO'S ADVICE 13	命あるものが美しい。だから、食	 90
MARIKO'S ADVICE 14	食べたって太らないダイエットのコツのコツ	 96
MARIKO'S ADVICE 15	いちばん老け見えする目元は先手ケア	 104
MARIKO'S ADVICE 16	豊かなツヤのある髪は自分でつくれる	 108
MARIKO'S ADVICE 17	肌には暮らしがあなたが透ける	 114

Chapter 2 / 水井真理子の美と健康あふれる生活をのぞき見

水井真理子のちょこっと美習慣	 118
どこでもきれいをチャージ！水井真理子的お家動線	 120
水井真理子のきれい TRIP	 122
おわりに	 124
Shop List	 126

Chapter 1

一生きれいが手に入る
寄り添い美容 17 のアドバイス

"Mariko's"
Advice

1

どんなときだって
きれいは
近くにあると知る

[Beauty is always with you.]

きれいは「青い鳥」。
すぐそばにある美しさを、大切に育てよう

「自信がない」と「きれいになりたい」のはざまで、戸惑ったり立ち往生している人から相談を受けます。長年「美容は敷居が高いもの」と感じてきた人や、目の前のことに一生懸命になって生きているうちに、ふと気がついたら「きれいは遠いもの」になっていたという人。困惑し、あきらめてしまいそうになったときに思い出してほしいのが、『青い鳥』という童話です。幼い兄妹が「幸せの青い鳥」を探して旅をするものの結局捕まえることができず、実は身近なところに青い鳥も幸せもあったのだ、と知る有名なお話。私は、「きれい」についても同じことが言えると思うんです。「きれい」は誰の近くにもあるもの。学業、仕事、育児、介護など、ライフステージの中で波のように近づいたり遠のいたりはするけれど、いつも私たちのそばにあるもの。ずっとそばで待っていた「きれい」をたぐり寄せれば、いつからだって輝けるし、ほんの少し手をかければ肌は絶対に応えてくれます。長年美容の仕事をしているとつい忘れてしまいがちだけれど、いつも美容を最優先に暮らせる人なんてそうそういないものなのです。日常のどこかに、そのときにちょうどいいさじ加減の、無理なく取り入れられる美容があればいい。「きれい」は誰かにポンッと与えられるものではなく、人生を通して自分の手でつくり上げていくもの。どんなときも、「きれい」はあなたの近くで、静かに出番を待っていることを忘れないで。

> Topic
> # 地黒、老け顔、肥満。きれいが遠かった私が、美容家になるまで
> 鏡に背を向けていた私が、自分だけの「きれい」を見つけるまでの軌跡。

　小さい頃から、どこか古風な富士額に浅黒い肌の老け顔で、太りやすいのに筋肉質。可愛いと言われて育ってこなかったせいか、物心ついたときには人と比べるクセがついてしまっていました。学生時代は、誰に何を言われたわけでもないのに、勝手にコンプレックスを増やして……。ダイエットも美容もメイクもてんこ盛りに励んでいるのに、なかなか自分のきれいは見つからず、23歳のとき、仕事に慣れず自信がない心を満たすために「食」に走り、2カ月半で8キロも太ってしまったんです。肌は荒れ、ニキビはどんどん増え、10代から

見た目を褒められることなく育ち、老け顔や地黒を気にして、人と比べてばかりいた10代。2カ月半で8キロも太り、肌荒れやニキビに悩んで美容に目覚めた20代。寝不足続きでも美容を頑張った30代。

の日焼けのつけもでてきていました。「私はもともときれいじゃないし、きれいになんてならなくてもいい！ 仕事ができる人になるんだ！」と、今思えばかなり後ろ向きな決意をしたのもその時期。ウエストがゴムのパンツにはき替え、ニキビをファンデーションで隠し、スキンケアはおざなりに。そんな生活を一年強続ける頃には、鏡も見なくなっていましたね。その後、ハワイで撮った自分のビキニ姿の写真に衝撃を受け、「このままじゃイヤだ」と我に返りました。一度きりの人生、きれいな自分を見てみたいと願う気持ちにフタをしたくない。誰から見ても美しい顔ではなく、元気そうで幸せそうに見えるきれいを目指せばいい。その後は、一から美容を勉強し直し。一生ダイエットの日々が始まりました。どんなに寝不足続きでも、スキンケアだけはサボりませんでした。30代は本当に忙しくて、自分のことは後回し。当時は、「肌のことだけは真面目に続けている」という自信が支えでした。40代を目前に、円形脱毛症やホルモンバランスの乱れなどの不調に悩まされ、疲れた自分を追い込むような「こうしなければ」のノルマ美容を見直し。美容と一生つき合うためには、その時々の気持ちや暮らしに寄り添う美容こそ必要なんだと気づいたのです。

40代ではホルモンバランスが乱れたり、疲れやすくなるなど、体の変化に戸惑った時期も。47歳の現在は年齢を重ねることを恐れず、幸せそうで元気そうに見える「きれい」を楽しむ毎日。

Topic
心のクセを変えて、きれい引き寄せ

まずは、ちょっとしたマインドチェンジで、きれいへの距離を近づける準備運動。

鏡を見る

きれいが遠いと感じている人は、もれなく鏡からも遠ざかっていることが多いもの。鏡を見ること自体、恥ずかしかったり気まずくなったりしてしまうんですね。まずは1日1回でもいいから、鏡を見ること。そのとき、欠点を探すのではなく、ただシンプルに鏡に映る自分の姿を見ること。慣れてきたら、家でも外でも1日10回を目標に。鏡の向こうの自分に笑顔を向けるように意識し、自分の姿に好奇心を持ちましょう。

あふれんばかりの褒め言葉を持つ

大人になったら手放しで褒めてもらう機会は減るけれど、大人になったからこそ自分で自分を褒めることができるようになります。まずは、「今日、いい感じ」と"自分褒め挨拶"を習慣に。慣れてきたら、"自分褒めボキャブラリー"を増やしましょう。特に、大人には、「可愛い」以外の褒め言葉が必要です。上品とか、ゴージャスとか、ツヤツヤしてるとか、なんでもいいんです。自分の長所に、自分で気づくための言葉。どんな日も、"自分褒め上手"でいきましょう。

小さな幸せで五感を満たす

幸せって、手に入れるのが大変な大きなものと思われがちですよね。でも実は簡単！ ふかふかのタオルに包まれるとか、みずみずしい新鮮な果物を食べるとか、いい香りのルームフレグランスを置くとか。イヤなことがあった日も一瞬で「うわ〜幸せ♡」と満たされるような、五感に訴えかける小さな幸せをたくさん用意しましょう。小さな幸せを見つけるのが上手な人は、表情や空気感が和らいで、笑顔も多くなります。そんな人のもとには、大きな幸せも訪れやすくなるはず。

MARIKO'S ADVICE 1

いつだって自分応援団になる

美容のモチベーションが下がったときや、気合を入れたいときは、心の中にいる自分応援団の出番！　私の場合は、チアガールがポンポンを持って「フレーフレーまりこ、えいッ！」と、元気づけてくれる様子を想像します。大人になると、緊張を強いられたり、心細いけれど誰にも頼ることができない場面が増えますよね。そんなとき、どこに行くにも何をするにも、7人ぐらいの自分専属応援団を引き連れているつもりでいると、心強い気持ちになれるんです。

笑顔は、目鼻立ちにかかわらず、その人のきれいを花咲かせるいちばんの早道。思いっきり笑わなくても、いつもちょっと微笑んでいる人は素敵に見えますよね。鏡の前で、にっこり笑って見てください。口角やほっぺのお肉は上がってますか？　目尻も一緒に下がってますか？　うまく笑えない人は「ニッ！」とやってみて。笑顔トレーニングで、スマイルはつくれます。鏡の中の自分にも、笑顔を向けて。今日の笑顔は、明日の自分を好きになるエッセンスなのです。

比べない

人と比べて、あれが足りないこれが足りないと落ち込んだり嫉妬する時間って、暗くなったり疲れたりするわりに、何も生み出さないんですよね。隣の芝生は青く見えるもの。「自分だけのきれい」は、「これが私である」という現実に、目をつぶらずに向き合うことから始まります。ないものねだりしているうちは、スタートラインにも立てません。誰かと比べて見劣りするように感じても、「ま、いっか」と流しちゃいましょう。

"Mariko's" Advice

2

言い訳、万歳！

[Excuses is ok!]

思わず言い訳しちゃうのは、きれいの種が外に出たくてうずうずしている証拠

　開口一番、堰を切ったように〝自分の肌のダメなところ〟や〝スキンケアができない理由〟〝なんであきらめてしまったのか〟を話してくれる人が、とっても多いんです。「忙しいから」「疲れているから」「お金がないから」「年だから」「自分の顔が好きになれないから」……きれいになれない理由を、切々と聞かせてくれます。それぞれの事情を聞いていて思うことは、これまできっかけがなかっただけで、決してあきらめていた訳ではないんだということ。その気持ちが、すごくけなげだなと感じるのです。思わず口をついて出る言い訳は、あなたの中に眠るきれいの種が、外に出たくてうずうずとむずかっている証し。言い訳できる人ほど改善点がはっきりしているし、あとは今の状況に合う美容法を選択すればいいだけなんだから。だから、言い訳、万歳！　できない理由にフタをせず、それでも「きれいになりたい」素直な気持ちに耳を傾けて。大丈夫、そんなあなたにピッタリの美容法が必ずあります！

Topic
言い訳別寄り添いカウンセリング
「できない理由」から逆引きすれば、きれいの再出発の糸口がきっと見つかる!

あなたの言い訳、聞かせてね

なんだか イライラしてしまう

MARIKO'S ANSWER
まずは深呼吸。香りの力を借りてひと息ついてね

イライラは、一生懸命になって自分を追い込んでいることの裏返し。ちょっとひと息ついて、肩の力を抜いてみませんか? 視覚を刺激するとイライラにつながるから、目を閉じてお気に入りの香りをゆっくり嗅いで深呼吸。無理に気分を上げるものより、雨の日のアンニュイさを漂わせるダウンパフュームのレイン、スパイシーな香りに視界が開けるようなタージガーデン、散り散りになった気持ちがスッと落ち着いてまとまるようなビロードのカウントダウンあたりがおすすめ。ロールオンやミニボトルを携帯して、お守りに。

a 雨上がりのホワイトフローラル。ダウンパフューム オイルパフューム レイン b 快活なスパイシーウッディ。同 タージガーデン 各10ml ¥3800/デュード c 気分転換に最適なブレンド。ビロード アーバン アーユルヴェーダ カウントダウン 10ml ¥3800/AMATA

時間がないときに、あれもこれもと気ばかり焦ってしまうことって、ありますよね。私もそうでした。目の前のことでいっぱいいっぱいなのに、別方向からまったく手つかずのことを指摘されると「だってさ〜」と余計に焦って。一日のどこかで、やるべきことをリストアップするクセをつけましょう。頭の中で考えるより、書き出してみると優先順位がつけやすいし、大切なことから1個1個ゲームみたいにクリアする達成感も味わいやすい。一見面倒に思えるかもしれないけれど、急がば回れです。

どうにも あせって手につきません!

MARIKO'S ANSWER
混乱したときは一回書き出すと優先順位がつけやすい

でも… 疲れて やる気が出ない

MARIKO'S ANSWER

クリームを たっぷり塗れば とりあえず、大丈夫。 **サプリメント**で 内側からも応援を

疲れて何もやる気がしないとき、あれこれ手順を踏んでスキンケアする気になんてなれませんよね。そんなときは、全部省いてとりあえずクリームだけ塗っておけばOK。クリームの油分でフタをして潤いを守りつつ、疲れた肌に栄養を与えてくれます。その代わり、量はたっぷりめ。いつもの1.5倍ぐらい塗りましょう。せめて何か一品だけ使おうというとき「化粧水だけは塗る」という人も多いのですが、化粧水はみずみずしくて気持ちよいけれど、潤い維持力はあまり期待できません。何かひとつ塗るならクリームと覚えておいて。私は、疲れやすいなと思ったら、ビタミンCと蜂蜜で活力チャージ。大人の女性のゆらぎ期には、大豆イソフラボン由来のサプリメントも助けになります。

d カプセル化することで吸収力と持続力をアップ。リポ・カプセル ビタミンC 30包入り ¥7200／スピック　e 糖分・ミネラル・ビタミンをバランスよく含み、腸内環境を整える蜂蜜。「くせのないアカシア蜂蜜が好き」。アカシア蜂蜜（ルーマニア産）1kgビン入 ¥3900／山田養蜂場　f 女性のゆらぎ期特有の変化に着目し、大豆イソフラボンから生まれたサプリメント。エクエル 112粒 ¥4000／大塚製薬

もう 年だから あきらめるしかない

MARIKO'S ANSWER

若返りをゴールにせず、 イメチェンや変化を楽しむ。 カウンターで「今の自分」に 合うものを見立ててもらっても

若返らなきゃ、きれいにならなきゃと思わなくてもいいんです。ちょっとイメチェンぐらいの軽い気持ちで、まずは気分転換の美容を楽しんでみませんか。ちょっと髪型を変えてみるとか、慣れ親しんだスキンケアやメイクをガラッと変えてみる。マンネリを見直すと、いい刺激になります。プロのアドバイスを取り入れるのも効きます。化粧品カウンターで、今の肌や雰囲気に合ったアイテムを教えてもらって、気楽に試してみて。

でも… お金がないから

MARIKO'S ANSWER
今あるコスメを丁寧に使うだけでも変わる！温めて巡りアップも効果的

蒸しタオルで効きもアップ

無理して高い化粧品を買わなくても、今使っている化粧品を最大限に生かすことで肌は変わります。適量ではなく1.5倍の量をつけること。そして、顔全体を両手で包み込むようにハンドプレスして浸透を高め、しっかりと入れ込むこと。このふたつを意識するだけでも、違いが実感できるはず。さらに効かせたいときは、温めて巡り＆浸透アップで後押しを。スキンケアの前に蒸しタオルをのせて肌を温めたり、お風呂の中で手持ちの乳液やクリームを厚めに塗ってパックすると肌が見違えます。お金をかける代わりに、愛情をかける。使い方を丁寧にしたり、ちょっと工夫してひと手間加えることを意識してみて。高い化粧品をおざなりに塗るより、自分に合った続けやすい価格帯のものを丁寧に使ったほうが、絶対にきれいの近道です！

スキンケアで自信を取り戻すことってすぐにできるんです。まずは、上質なオイルで肌にツヤを与えること。頬につや玉が宿る艶やかな肌は、それだけで幸せそうだし元気そうに見え、表情や印象の美人度が一気に高まります。そして、そのいきいきとしたツヤの宿る肌を鏡で見ているうちに、自然と自信がわいてくるから不思議。できればオイルは、ちょっと贅沢なものに投資しましょう。うっとりするような香りや感触に包まれて「肌にいいものを使っているんだ」という自覚が芽生えますから。オイルを塗ったあとは、ほうれい線や頬を軽くつまむようにほぐしマッサージ。表情の強張りが取れ、笑顔になったときにぷりんとしたツヤがのった頬に。このツヤが自信の源になるのです。

だって 自信が持てない…

MARIKO'S ANSWER
良質なオイルでツヤをオン

上質なツヤが自信をくれる

a 微量要素たっぷりのローズのマイクロパールが溶け込んだ美容液オイル。プレステージ ユイル ド ローズ 30㎖ ¥26000／パルファン・クリスチャン・ディオール　b バリア機能を整え、輝くようなツヤ肌に。アプソリュ プレシャスオイル 30㎖ ¥28500／ランコム　c ライトなコクで、しなやかな手ざわりを叶える。ハーバルオイル ゴールド 40㎖ ¥5000／アルビオン　d 顔と全身に使える、抗酸化力抜群の巡りオイル。セブンフロー ハーブサーキュレイトオイル 150㎖ ¥6500／美・ファイン研究所

なんだかストレスフルでやる気がわかない

ストレスの原因って、自分ではどうにもできないことが多いもの。せめて、気分転換できる仕組みを整えておきましょう。いちばん効くのが香り。おすすめなのは、部屋ごとに「こんな気分になりたい」というアロマディフューザーをセットしておくこと。リビングには爽やかで優雅な気持ちになれる香り、寝室には良質な睡眠を誘うリラックスできる香りという要領。また、身につけるものや、触れるものを肌ざわりのいいものにするのも有効。タオルやリネン類や部屋着を、サラサラなものやふわふわなものなど、さわり心地のいいものにしておくと、ささくれだった心がやさしくリセットできます。

MARIKO'S ANSWER
家のあちこちに香りを置いて、こまめに気分をリフレッシュ！

e 爽やかさと優雅さを併せ持つ、心ほぐれるジャスミンの香り。センシュアルジャスミン フレグランスディフューザー 110mℓ ¥8000／フローラノーティス ジルスチュアート　f 深く良質な睡眠に誘うアロマブレンドは、寝室に最適。ザ パブリック オーガニック スーパーディープナイト ホリスティック精油ディフューザー レストフルスリープ 18mℓ ¥15000／カラーズ

e　f

どうにも忙しくてケアする時間がとれない！

忙しくてスキンケアどころじゃないとき、「ちゃんとやらなきゃ」と焦ると、余計に苦しくなってしまいますよね。スキンケアを義務化してしまうのはかえって逆効果。とりあえずこれ一品だけ塗っておけば大丈夫！というオールインワンをひとつ持っていると、気が楽になります。みずみずしく使えるジェルタイプやまろやかなローションタイプなど、塗ったときに素直に「気持ちいい♡」と思えるものを選べば、慌ただしい毎日でもつかの間のご褒美タイムに。手をかけるケアは、余裕が出たときにやればいい。忙しいときこそ、自分を追いつめないで。

MARIKO'S ANSWER
一品で心地よく完了♪ 転ばぬ先のオールインワン

g　h　i　j

g 化粧水と乳液をひとつに。エイジングケアにも対応。アベンヌ ミルキージェル エンリッチ 50mℓ ¥4000（編集部調べ）／ピエール ファーブル ジャポン　h 1本5役の高機能＆無添加ジェル美容液。タイムレスジェリーセラム 50g ¥12000／アンダーノイル　i 温泉水と天然ハーブをブレンドしたSPA水がベース。江原道 オールインワン モイスチャー ジェル 100g ¥4200／Koh Gen Do　j 乳液を透明にしたような「透明乳液化粧水」仕立て。モイスチャー ハイドロ ローション 200mℓ ¥8000／SUQQU

BEAUTY COLUMN
01

あなたの体調も日々の生活も透けて見える
水井真理子の顔色占い

「水井さん、見える人なんですか？」って、よく聞かれます。肌を見ただけで、その人の性格や生活、体調まで言いあててしまうから、なんでもお見通しに見えるんでしょう。極端な話かもしれませんが、実際に肌を見ながら話すだけで、その人がストレスを抱えているか否か、また便秘をしているのか下痢をしているのかまで、なんとなくわかってしまうんです（笑）。「霊感があるのでは？」と驚かれることがありますが、実際には霊感のある「見える人」なのではなく、これまでたくさんの肌を見て、触れてカウンセリングしてきた経験値の集積から、トータルで見ているだけなのです。さらにいえば、昔からアーユルヴェーダや中医学に興味があり、独学で勉強していたというベースもあります。普段はかなり細かく見て判断しているので、すべてをお伝えすることはできないのですが、私が見ている代表的な要素のひとつが「顔色」です。顔色を観察すれば、誰でも簡単に自分の体調や何に気をつけたらいいのかがわかります。毎日鏡を見て肌と向き合うことは、肌だけでなく自分のコンディションをマネジメントすることにも役立ちますよね。このコラムでは、自分で簡単にできる「顔色占い」の知恵を伝授します！

顔色が
Red
血の巡りが滞りがち。むくみや下半身の冷えに悩んでいることが多い。

額と頬が
Red
頬やおでこに赤みが出やすい人は、緊張やストレスを感じやすいタイプ。

顔色が
White
低血圧、貧血ぎみで、巡りが悪く食が細い人が多い。顔色が青い人に近い症状。

顔色が
Blue
体力がなく、貧血・低血圧・冷え性の疑いあり。深呼吸で巡りを促すと吉。

顔色が
Yellow
胃腸が弱く栄養が偏りがち。バランスよい食生活を心がけ、暴飲暴食を避けて。

顔色が
Black
デトックスがうまくいっていないことが多く、乾燥しがち。塩分過多に要注意！

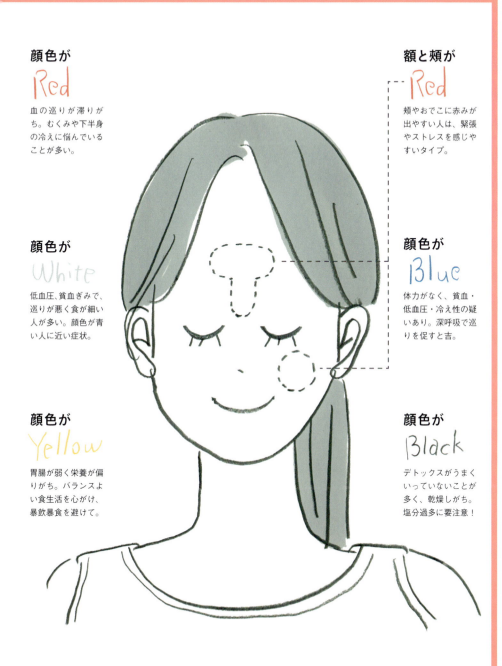

— SKIN COLOR DIAGNOSTICS —

"Mariko's" Advice

3

肌を変えたいなら
まず洗い方を見直す

[If you want to improve your skin,you should change how to wash.]

肌を変えるいちばん手っ取り早い方法は、クレンジングと洗顔を見直すこと

　毎日きちんとメイクや汚れを落としている人の肌は、見ればわかります。キメがふっくらして、すべすべと清潔で、やわらかく潤っている。思わず、「落とすケアをちゃんとやってくれているのね、ありがとう♡」と、肌に代わってお礼を言いたくなるほど。そう、肌を変えるために何かひとつ見直すとしたら、まずは落とすケアなんです。「肌の調子が悪いな」「最近、化粧品が効かないな」と思ったら、まずは洗い方を変えてみることです。大切なのは、いかに肌に負担をかけずに、ムラなく汚れを落とすか。肌は正直なので、落とし方を丁寧にやさしくするだけで、ふわふわの手ざわりで応えてくれます。以前は落としすぎ＆洗いすぎな人が多かったけれど、最近では「やさしくしよう」と気をつけるあまり、きちんと落とせていない人も増えつつあります。メイクや汚れを落としつつ、肌にとって必要な潤いは守る。正しい落とすケアで、ずっと触れていたくなるようなふっくらやわらかな肌を手に入れましょう。

Topic

意外と知らない「洗う」心得

「洗う」の見直しで肌が変わる！ いまあらためて知りたい、洗顔＆クレンジングの心得！

no.1
肌を **マイナスにしない**

摩擦、熱いお湯、水流は厳禁

クレンジングや洗顔は、汚れを落とすために欠かせない「ゼロに戻す」ケア。けれど、汚れを落とすためのその一瞬って、肌がすごく無防備になってしまうもの。そんな瞬間に、ゴシゴシこすったり、熱いお湯をあてたり、シャワーの水流を直接あててしまうと、刺激になったり、肌に必要なバリア機能を損なう原因に。だから、やさしいタッチで、触れたときに少し冷たく感じるくらいのぬるま湯を手にためてすすぐ。肌をマイナスにせず、洗いましょう。

no.2
鏡 を見ながら
指の"**面**"を使って 洗う

洗い残し＆洗いすぎを防ぐ

普段、目をつぶって鏡を見ないで洗顔やクレンジングをしている人は、一度鏡を見ながら顔を洗ってみてください。生え際やちょっとしたキワなど、いつもの動作では意外に洗えていない部分があるはずです。また、指先でちょこちょこ洗うと圧が強くて摩擦刺激になるうえに、洗い残しが多くなってしまいます。指の第三関節までを肌に密着させて洗うのがポイント。ムラなく洗うことを意識するだけで、肌のプツプツやザラつきも改善します。

no3 ゆらいだときは潔く **洗わない**

バリア機能を守るほうが大切なときも

肌がゆらいでいるときは、ダブル洗顔は潔くお休みを。肌が敏感に傾いているときや花粉症の時期など、肌が赤くなったりヒリヒリしているときは、バリア機能や潤いを保つ力が弱まっている状態です。そういう時期は、必要な皮脂や潤いまで取り去ってしまうリスクはできるだけ避けたいもの。洗顔はいったんお休みして、朝はぬるま湯洗顔、夜は汚れをやさしくオフするクレンジングミルクで「守りつつ洗う」戦略に切り替えるのが得策です。

no4 **ふっくらした** 洗い上がりを目指す

キュッとするのは、落としすぎ！

さっぱり好き＆清潔志向の人が多いので、どうしても「すっきりさっぱり」「キュキュッ」という洗い上がりが好まれます。でも、私が目指しているクレンジング後の肌は「ふっくら」。汚れは取り去りつつ、肌の守り神となる潤いは残しながら洗うと、肌は「ふっくら」するんです。ミルククレンジングやクリームクレンジングは、油分でほぐしながら「ふっくら」と洗い上げることが可能。だから、クレンジングはミルクかクリームをおすすめしています。

Topic
水井流いたわりクレンジング＆洗顔全プロセス

落とすケアだけは丁寧に！ みるみる肌が変わる、一生もののクレンジング＆洗顔技。

"ポイントクレンジング"

手の力を抜いて
こすらず3秒待つ

ブラブラ

1/

ブラブラ準備運動で手の力を抜く

両手を下げて、ブラブラと5回ほど揺らす。手の力を抜いて、ゴシゴシを減らすひと手間。

2/

ひたひたのコットンをまぶたの上に3秒置く

メイクアップリムーバーをコットンになじませ、まぶたの上に置いて3秒間待つ。

3/

横に動かしたあと、下に向かってオフ

コットンを目尻まで動かし、まぶたのメイクをオフ。下に滑らせて、マスカラを落とす。

4 /
コットンを裏返し
3の動作をリピート

コットンを裏返し、眉とまぶたのメイクを左右にオフ。下に向かってマスカラを落とす。

5 /
コットンを半分に
折り、ラインをオフ

コットンを半分に折り曲げ、折り目の部分でアイラインをなぞるように落とす。

6 /
まぶたを引き上げ
反対側でオフ

コットンを裏返し、まぶたを軽く引き上げて、キワに残ったラインを拭き取る。

(左)繊細な目元をいたわる処方。ナチュラグラッセ ポイント メイクアップ リムーバー 100ml ¥2300／ネイチャーズウェイ (右)化粧水由来成分で保湿しながらするんとオフ。ビフェスタ うる落ち水クレンジング アイメイクアップリムーバー 145ml ¥850／マンダム

7 /
リップメイクも
きちんと落とす

新たなコットンにリムーバーをなじませる。唇の外から内に向かってリップメイクをオフ。

"クレンジング"

ほぐしながらメイクを落とし、ふっくら肌に

POINT!
温めて
なじみアップ

1 / 両手でクレンジングを温める

クレンジング適量を手のひらにとり、両手を軽くすり合わせて、温める。

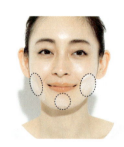

2 / まずは、両頬とあごにのせる

クレンジングをムラなく塗るために、まずは両頬とあごに適量を置く。

POINT!
皮脂が多い
額からスタート

3 / 額を縦にくるくる洗う

手に残ったクレンジングを額へ。中心から外側にくるくると楕円を描くように洗う。

4 / 鼻筋を指の腹で上下に洗う

鼻筋と鼻脇を上下になでるように洗う。皮脂の多いゾーンなので、念入りに。

POINT!
毛穴のつまり&
黒ずみをお掃除

5 / 小鼻は指先でくるくる

中指と薬指を使い、指先で小鼻をくるくるとマッサージするように洗う。

6 / 鼻下を伸ばしつつ、口まわりを

指の腹を使って、鼻の下と口まわりを洗う。くすみやすい口角も忘れずに。

💬 USE IT!

クレンジング力とトリートメント力を両立。水のベールで潤いを守るミルクタイプ。トリートメント クレンジング ミルク 200g ¥3000／カバーマーク

▼

POINT!
頬の下半分は肘を締めて洗う

7 ／ あごから頬をソフトにくるくる
あごから頬にかけては、指の第三関節まで"面"を使い、やさしくらせん状に洗う。

▼

8 ／ 頬の上半分は肘を浮かせて洗う
頬の上半分をくるくると洗う。軽く肘を浮かせて洗うと、フィットさせやすい。

▼

9 ／ 繊細な目の下は軽く滑らせる
中指と薬指の腹で、目の下を軽く滑らせるように力を入れずに洗う。

▼

POINT!
フェイスラインも忘れずに！

10 ／ フェイスラインを片手ずつ洗う
右手で左のフェイスライン、左手で右のフェイスラインをなでるように洗う。

▼

あ！軽くなった！

POINT!
軽くなったらメイクがなじんだ証拠

11 ／ 手が軽くなったら、そこで終了
手がふっと軽くなったら終了。アイテムによっては、水を少しなじませ乳化を。

▼

12 ／ 洗い流す or コットンオフ
コスメの使用書に従い、ぬるま湯で洗い流す、またはコットンでオフ。

"洗顔"

たっぷりの泡で皮脂ゾーンから洗う

POINT!
手を器のように
丸くするのがコツ

1
**ぬるま湯を足し
ながら泡立てる**

手のひらに洗顔料適量をの
せ、もう片方の手でお湯を少
量ずつ足しながら泡立てる。

モコモコ

2
**ピンポン玉ふたつの
たっぷり泡が適量**

適量はピンポン球約ふたつ
分とたっぷりめが正解。泡
立てネットを使っても◎。

POINT!
皮脂の多い
ゾーンから
スタート!!

3
**額、鼻、あごから
まず洗う**

乾燥させないよう皮脂の多
いTゾーンから。額→鼻筋
→小鼻→あごの順番で洗う。

保湿クリーム成分約50％配合。きめ細かな泡で洗い上げる。トランシーノ薬用クリアウォッシュ［医薬部外品］100g ¥1800／第一三共ヘルスケア

POINT!
泡をクッションにして洗えば、摩擦レス

4
あごから頬にかけてくるくると洗う

頬から目の下までらせんを描いて。指と手のひらの面を使い、ソフトタッチで。

POINT!
一度手で受けたお湯ですすいで

5
35℃前後のぬるま湯ですすぎを10回以上

約35℃のぬるま湯で、10回以上すすぐ。手にためてからすすぐと刺激レス。

6
ふわっと押さえるように水気を取る

清潔なタオルで、肌にふわっと押しあてるように水気を取る。こするのはNG!

Topic
あなたの肌や生活の波に寄り添う
事情別クレンジング&洗顔料図鑑
肌悩みやライフスタイルなど個々の事情に合った、運命の逸品に出会える!

a 老けが気になる肌や弱りモードの肌が上向きに

b 敏感肌の救世主!大人ニキビもさっぱりメンテ

c 乾燥肌にはコレ。しっとり&柔肌に一転!

d コンビニで買える手軽さとプチプラが魅力

e やさしいのにメイク落ち◎。毛穴の大掃除にも最強

f 使い勝手よく初心者におすすめ。疲れた人にも

肌をほぐしながらやわらかく洗い上げる
【 cleansing 】

a 発酵の力で負担をかけずに洗う天然の洗浄成分を配合。ホワイトモイスチャークレンジング[医薬部外品] 200g ¥3300/FTC b 角質柔軟成分配合で、ザラつきをやさしくオフ。ミルキィ クレンズアップ 120g ¥2800・200g ¥3800/アクセーヌ c 汚れを浮かせて落とす、89%が美容液成分でできたクレンジングミルク。トリートメント クレンジング ミルク 200g ¥3000/カバーマーク d 濡れた手で使えて、ダブル洗顔不要。手頃な価格とスキンケア成分89%も魅力!スキンケアクレンジング 120g ¥1200/パラドゥ e 肌の上で蜂蜜のようにとろける、じんわり温感バーム。植物オイルの恵みで、トリートメントしながらメイクオフ。ファミュ ビューティ クレンジングバーム 50g ¥4800/アリエルトレーディング f ミルクからオイル状に変化して、するんとメイクオフ。洗顔不要。癒やしの香りと感触。モイスチャー クレンジングミルク 100ml ¥3000/ヴェレダ・ジャパン

潤いは守りつつ汚れのみを賢くオフ
【 wash 】

g モロッコ溶岩クレイ配合。化粧水の浸透を高めるブースター洗顔。オルビスユー ウォッシュ120g ¥1800／オルビス h 毛穴汚れや古い角質によるくすみにアプローチ。泡立て不要のジェル洗顔。ルナソル スムージングジェルウォッシュ 150g ¥3200／カネボウ化粧品 i 上質な泡で潤いを守りながら、透明感をたたえた肌に洗い上げる。トランシーノ 薬用クリアウォッシュ［医薬部外品］100g ¥1800／第一三共ヘルスケア j 潤いたっぷりのクリームで、いたわりながら洗う泡立てない洗顔料。ブラン ウォッシュ クリーム 120g ¥3000／イグニス k クレイ成分が毛穴汚れや余分な角質を吸着。石けん成分と界面活性剤不使用の泡立たない洗顔料。ウィズアウトEX クレイウォッシュ＆パック 220g ¥4000／フェース l 天然ミネラル「シリカ」の超微細な粒子が、頑固なくすみや毛穴汚れを根こそぎかき出す。清らかな白肌を叶える。然-しかり- よかせっけん［医薬部外品］80g ¥1800／長寿乃里

"Mariko's"
Advice

4

「手」を育てるのが
きれいの近道

[It is a shortcut to beauty to use your hands.]

やさしくてやわらかな「手」を育んで
スキンケアタイムを待ち遠しいひとときに

「頑張って美肌になろう」と願うとき、多くの人は顔に何をどう塗るかにばかり気をとられがちです。でも、せっかくスキンケアをやる気になったのに、顔のお手入れにばかり力を入れるのは、ちょっともったいないなと思うんです。スキンケアを効かせたいなら、そして、お手入れタイムを至福のひとときに変えたいなら、やわらかな手を育むことがとっても大切。こわばった手で肌に触れても、気持ちよくないですよね。でも、ハンドケアでしっとりふかふかの手にしておけば、お手入れするときに「あぁ気持ちいい」と心からホッとできるし、その心地よさを毎日味わえるんです。このちょっとした差で、スキンケアの時間の待ち遠しさが全然違ってきます。お手入れを楽しむためには、いちばんのツールであり相棒でもある手を、ふっくらやわらかく育てるのが何よりの近道。

Topic
肌も暮らしも豊かに。効かせる手をつくりましょう

毎日の心地よさと美肌を叶える、ふかふかの手を育む、水井流ハンドケア術!

もちもち

パフパフ

しと〜

理想は猫の肉球です!

普通、ハンドケアというと、手の甲や指を中心にハンドクリームを塗ったりしますよね。でも、美肌のためのハンドケアは、手のひらまできちんとクリームを塗って、手の表も裏も指の先まで全体をやわらかくほぐすマッサージがポイント。スキンケアの時間が待ち遠しくなって、思わず「気持ちいい!」と言いたくなるふかふかの"効かせる"手! 子どもや恋人を心地よく包み込んで幸せへと誘う、そう、猫の肉球のような手に育てましょう(笑)。

効かせる手のつくり方
Lesson

テレビを見る間など、ながら時間でできるふわふわの手になるハンドマッサージがこちら。1.まずは、親指と人さし指が交わるつけ根にある「合谷」のツボを、3秒ほど強めにプッシュ。手全体の巡りをアップしつつ、こわばりをリセットして。2.手のつけ根の「手根」を中心に、放射状に手のひらをほぐす。3.左右の手指を一本一本ぐるぐるともみほぐす。4.ハンドクリームをたっぷりめに取り、手の甲と指一本一本にすり込むように塗る。5.さらに、ハンドクリームを手のひらと両手に、たっぷりともみ込むように2、3分なじませる。

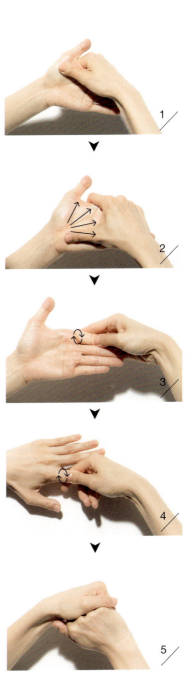

パフパフ&もちもち手をつくる
愛用ハンドケアアイテム

(左から)天然のシアバターを20%配合し、リッチな潤いを与えるロングセラー。ハンドシア ハンドクリーム 30ml ¥1400／ロクシタンジャポン　ベタつかずにのび、しなやかな手肌に。ハンド／ネイル トリートメント クリーム 100ml ¥3500／クラランス　ポンプタイプで気軽に使える。みずみずしいエッセンスが、肌の上でクリームに変化。薬用 ハンドセラム RT a [医薬部外品]160ml ¥1800／コーセー(プレディア)

Topic
いつものケアが3倍効く手技8

手の使い方次第でスキンケアの効果を底上げできる、ワンポイントテクニック!

1

スキンケアの浸透が格段にアップ
圧迫プレス

スキンケアをしっかり浸透させたいときは、なじませたあとに両手で包み込むようにあて、ぐ〜と圧をかける。

2

シワ部分にスキンケアをなじませる際に◎
指ストレッチ

薬指と中指でチョキをつくって、目尻を挟む。指を広げて、シワの溝をストレッチ。上からアイケアを塗る。

3

硬い表情やこっている個所をゆるめる
つまみほぐし

凝り固まったパーツやこわばった部分を、軽くつまみほぐすメソッド。特にあごまわりやほうれい線に有効。

4

むくみやたるみ、くすみの源、滞りを流す
ゲンコツ流し

げんこつをつくり、第二関節の骨をフェイスラインや首筋に沿わせるように一気に流す。巡りアップに効く技。

スキンケアの実力を発揮させるには、使い方こそが肝心。手の使い方次第で、プチプラスキンケアも10倍どころか100倍にも匹敵するような威力を発揮します。シワ対策美容液を使うなら「指ストレッチ」、リフトアップ美容液を使うなら「手のひらリフト」など、アイテムに合わせてぴったりの手技を実践してみて。いつもと同じスキンケアも、使い方を変えるだけで、きっと実感が変わるはず！

手でタッチする際のお約束

1.手をブラブラし、余分な力を抜く。2.小鳥をなでるようなやさしいタッチで。

\ つっぱり指はNG / NG

スキンケアは包んでなじませる
ハンドプレス

スキンケアをなじませる際は、基本、ハンドプレスの要領で。指を1本ずつ外側にずらしていくのがコツ。

指の腹をセンサーに、潤いが満タンかチェック
肌チェック

スキンケアの最後に、指の腹で触れて。もっちり吸いつくのが理想。足りないなら、再度乳液またはクリームを。

朝のどんより顔や夕方のお疲れ感を一掃
ツボ刺激

指先をパタパタとピアノを弾くように小刻みに動かしてツボを刺激し、肌を活性。化粧の上からもOK！

たるみや開き毛穴を、上向き肌にリセット
手のひらリフト

ハンドプレスの要領で手のひらで肌を包み込む。手指を密着させたまま引き上げ、重力の影響から解放する。

"Mariko's" Advice

5

知ると家宝になる
基本のキ

[Knowing the basics will be your treasure.]

透明感は、正攻法で手に入れる。
基本のキを身につけることこそ一生の宝！

　よく「透明感がほしい」と言われるのですが、透明感って実はコツコツとスキンケアを積み上げた先に手に入るものなんですよね。内側からの潤いがあることと、ごわつき・くすみがないこと。そして、こわばりや滞りがないこと。だから、透明感がほしいなら急がば回れ！　透明感は、毎日のスキンケアの総決算であり、成績表なんです。たとえシミやシワがあっても透明感さえあれば、いくつになっても存在そのものが輝いて見えるものです。そんな一生ものの透明感を手に入れるためには、スキンケアの基本のキを身につけ、コツコツ続けること。特別なことは何も必要ありません。化粧水で鎮静しながら潤いで満たし、美容液で栄養を与え、乳液またはクリームでやわらかく整えながら潤いをガードし、日焼け止めで日中のダメージから守る。この基本の4ステップをしっかり身につけることが、肌にとって一生ものの家宝になるんです。当たり前の基本こそ、丁寧に。それだけで、これからもずっと「透明感のある人」でいられます。

毎日の基本はこの4品！

化粧水 → 美容液 → 乳液 or クリーム → 日焼け止め

美肌育成は、基本に勝るものなし

若い頃はたった一品塗るだけで十分だった肌ですが、年齢とともに肌力が弱まり、スキンケアが届きにくくなり、効きの持ちも低下してきます。だからこそ、ひとつひとつ役割の違うアイテムを、浸透のいいものから順にミルフィーユ状に重ねていくことが効果的。肌を鎮静しながら、あとに使うものを引き込むよう潤いで満たす化粧水、肌の土台から活力を与える美容液、潤いが逃げないようフタをする乳液またはクリーム、紫外線などの日中ダメージから肌を守る日焼け止め。どんなスペシャルケアよりもこの4ステップを毎日コツコツ続けることが、透明感に満ちたやわらかな肌を育むいちばんの近道です。

量は1.5倍の増し増し!
きれいに拍車がかかります

きれいの意気込みは"量"に現れる

せっかくいい化粧品を使っても、量が少ないと本領を発揮できないうえに、摩擦ダメージの原因に。化粧水、美容液、乳液またはクリームの"与えるスキンケア"は必ず適量を使いましょう。さらに、できることなら適量の1.5倍の"増し増し"量を使ってみてください。これまで量が足りていなかった人は余計に、日に日に肌がやわらかくなり、めきめきと透明感がでてくるのを実感できるはず。高いものをケチケチ使うよりも、続けやすい価格のものをたっぷりと使ったほうが、美肌への近道です。もったいないなと感じたら、普段は適量を使い、ここぞというときには1.5倍量を使うところから始めてみて。

Topic
事情別スキンケア家宝図鑑

Technique 1

Technique 2 ｜キワまで／

｜ 効かせテクニック ｜

1.顔全体を手のひらで覆い、指1本分ずつ外側にずらす「指ずらし」で潤いを広げる。2.実は塗りもれしやすい目尻や口角などのキワを指の腹で押さえて。

【化粧水】

肌を鎮静しながら潤いで満タンに

肌を柔軟にして角層にみずみずしい潤いを届け、肌のpHバランスを整えながら鎮静するのが化粧水の役割。肌のすみずみまで潤いで満たすことで、次に使うスキンケアがなじみやすくなり浸透がアップ。相性がいい化粧水は、塗ったそばから、肌がぐんぐん吸い込んでふっくらとするのが特徴です。

a 毛穴のエキスパート！ハリも明るさも与え、しかもリーズナブル

b 大人のテカリ肌に。奥は潤しつつさらりと整え、メイク持ち上昇

c ストレスフルな肌に。ストレスゆらぎを健やかに建て直し

d 忙しい人の救世主！瞬時に浸透し、潤い長持ち

e 肌なじみが秀逸。肌荒れを鎮め、上向き肌に

f ブレない強い肌へ。インナードライ肌の潤いバランスを整える

Lotion

【美容液】

MARIKO'S ADVICE 5

肌のガソリンとなり強力パワーチャージ

目的に合わせた美容成分を組み合わせて、ストレートに届けるのが美容液。肌の攻めどきに投入するガソリンのような存在なので、悩みに合わせて選びましょう。これといった悩みがない人は、悩みができてから取り入れれば十分。

- 毛穴悩みにベスト! ピュアビタミンCの力でシミもたるみも
- 肌にフレッシュ感が欲しいなら。くすみを払い輝きとツヤをオン
- ユニークなぷるぷるジェルはお手入れのマンネリ化を一新
- 元気のない肌に活力とハリを呼び戻す名品
- スキンケアの効きが悪いときに投入。巡る肌に
- シミやくすみにお悩みの人向け。潤いも美白も一気に。澄み渡る肌に

Essence

| 効かせテクニック |
1. 効かせたい部分に押し込むつもりで、圧をかけてる。2. 指をパタパタさせる「ツボ刺激」で活力を与えながら、さらに浸透を促す。

ぐっぐっ

Technique 1　Technique 2

a 100倍浸透と名高いビタミンC、APPSを配合。気になる毛穴の悩みを多角的にケア。VC100エッセンスローションEX 150㎖ ¥4700／ドクターシーラボ　b ライスパワーNo.6が潤しながらテカリ調整。ONE BY KOSÉ バランシング チューナー[医薬部外品] 120㎖ ¥4500(編集部調べ)／コーセー　c とろみのあるテクスチャーが肌の上でパシャッと弾ける、敏感肌向け化粧水。アヤナス ローション コンセントレート 125㎖ ¥5000／ディセンシア　d 砂漠級の過酷な乾燥環境でも潤いが続く化粧水。ザ ローション 140㎖ ¥6000／花王(エスト)　e 潤いの層を形成し、フレッシュな肌に。ザ・タイムR アクア[医薬部外品] 200㎖ ¥4000／イプサ　f ふたつの発酵成分配合で、ダメージに左右されにくい強い肌を育む。マイクロ エッセンス ローション フレッシュ 200㎖ ¥12500／エスティ ローダー

g 最先端の幹細胞技術を搭載したローション感覚の美白美容液は、透明感アップが速い。フェアルーセント薬用ホワイトセラム[医薬部外品] 100㎖ ¥10000／メナード　h オレンジの100倍以上のビタミンCを含有する果実の恵みでくすみ知らずの冴え肌に。カプチュール ユース グロウ ブースター 30㎖ ¥11500／パルファン・クリスチャン・ディオール　i 最高濃度のピュアビタミンCが毛穴をキュッと引き締め。あらゆる肌悩みにマルチ対応。オバジC25セラム ネオ 12㎖ ¥10000／ロート製薬　j 角層を潤いで満たし、環境ダメージを立て直す。エクラフチュール d 40㎖ ¥10000／アルビオン　k 潤いと活力を瞬足チャージ。アスタリフト ジェリー アクアリスタ 40g ¥9000／富士フイルム　l 肌の保護膜に近い黄金バランスで、いきいきとしたハリ肌に。ダブル セーラム EX 30㎖ ¥11000／クラランス

【乳液 or クリーム】

油分でほぐして潤いを長時間ガード

大人の肌は油分が不足して、こわばりがちに。乳液とクリームのまろやかな油分が肌をやわらかくほぐし、ふっくらと丸みのあるやさしい印象の肌をつくります。また、化粧水や美容液の潤いを長時間逃さないための、フタ的役割としても欠かせません。ベタつきが苦手な人はみずみずしい感触の乳液がベター。ただし、皮脂が減る35歳を過ぎたら、栄養リッチなクリームのほうがおすすめ。

a 敏感肌の味方。穏やかに潤す、まろやかなミルク

b コラーゲン研究の粋を尽くしたふっくら肌乳液

c ベタつきが苦手な人に◎。快適なみずみずしさ

d デイリーケアで本気のパワフル美白が可能

e 肌の元気不足に！植物科学の粋を結集した肌改善乳液

f ぷるぷるのハリ肌を叶える美容乳液

Milk

a ふっくら潤いのある肌に導く、「適応型コラーゲンα」配合の乳液。エンリッチ 乳液 Ⅱ しっとり 30㎖ ¥1700／ファンケル　b ゆらいでごわついた肌にもやさしい、まろやかなミルク。ミノン アミノモイスト モイストチャージ ミルク 100g ¥2000（編集部調べ）／第一三共ヘルスケア　c 注目の美白有効成分配合で、デイリーケアで明るい肌を叶える。ホワイトショット MX［医薬部外品］78g ¥11000／ポーラ　d とろみ化粧水のようなテクスチャーで、乳液ビギナーにも◎。ベネフィーク ドゥース エマルジョン Ⅰ 150㎖ ¥4200（編集部調べ）／資生堂　e 肌本来の美しくなろうとする力を引き出す、永遠の名品。シスレー エコロジカル コムパウンド 125㎖ ¥23500／シスレージャパン　f みずみずしいのにむっちり潤う、肌の底力を引き出す美容乳液。R.N.A.パワー ラディカル ニューエイジ エアリー ミルキー ローション 50g ¥11500（編集部調べ）／SK-Ⅱ

MARIKO'S ADVICE 5

Cream

g 重力に対抗！密度の高いハリ肌を育む

j 肌荒れやゆらぎを鎮めて保湿

k ストレスで緩んだ肌へ。潤いでリフト

h 疲れた肌を癒す五感に響くテクスチャー

i 朝にもクリームがマストな超乾燥肌に

l 年齢を感じるしぼみ肌に強力。ハリと弾力を取り戻す

| 効かせテクニック |

1. クリームや乳液は手の温度で温め浸透をUP。「指ずらし」で、顔全体にまんべんなくなじませて。2.最後にハンドプレスで押し込む。

Technique 1

Technique 2

ぐ〜

g 宇宙で育つ植物の恵みでハリと弾力をサポートし、重力に立ち向かう肌に。レネルジーM FSクリーム 50㎖ ¥12500／ランコム　h エネルギーチャージしつつ、肌感度のいい肌を育む。なめらかなテクスチャーの潤いクリーム。エッセンシャルイネルジャ モイスチャライジングクリーム 50g ¥6500／SHISEIDO　i 乾燥でこわばった肌をなめらかな潤いで満たす。朝のメイク前にも使いやすい、みずみずしい使用感。スーパー アクア クリーム 50㎖ ¥16400／ゲラン　j ゆらぎがちな肌の炎症を鎮め、外部刺激を受けにくい健やかな状態に立て直す敏感肌対応。キュレル 潤浸保湿フェイスクリーム［医薬部外品］40g ¥2300（編集部調べ）／花王　k ストレス老化で緩んだ肌を、潤いの力で持ち上げ。モイストリフトクリーム 30g ¥8000／アユーラ　l エイジングケアの最高峰技術を結集。包み込むようなコクのある濃厚なクリームが、ハリと弾力を長時間キープ。B.A クリーム 30g ¥32000／ポーラ

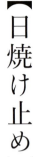

【日焼け止め】

未来の肌老化を防ぐ守り神！

老化の原因の8割は紫外線によるもの。シミはもちろん、真皮にダメージを与えてシワやたるみを引き起こします。毎日の日焼け止めは何にも勝るエイジングケア。自分に合った日焼け止めを選んで、毎日塗るのを習慣化しましょう。

- a くすみやすい敏感肌向け。明るくしっとり整え守る
- b 汗かき必見！汗をかくほど強くなるBBパクト
- c 敏感な肌を紫外線や汚染物質からプロテクト
- d 毛穴やシミ肌へのお宝。攻めつつ守るビタミンC入り
- e アクティブ派向け！摩擦や汗にも最強
- f 幸せそうな薄ピンク肌に見せたいなら

Protection

| 効かせテクニック |

1. 額・両頬・鼻・あごに置いて、顔全体にムラなくのばす。2. 焼けやすい頬や額、鼻筋などの凸部分は重ね塗りを。

Technique 1 ／ まず5点！

Technique 2 ＼ 重ね塗り／

a 敏感な肌を守りつつ、明るく艶やかな肌を演出。UVイデア XL プロテクショントーンアップ SPF50+・PA++++ 30㎖ ¥3400／ラロッシュポゼ　b 汗や水に触れると紫外線防御膜が強くなるBBコンパクト。BBコンパクト フォースポーツ QD SPF50+・PA+++ ¥4400／SHISEIDO　c 花粉・ちりなどの微粒子から肌を守り、色ムラもカバー。d プログラム アレルバリア エッセンス BB 全2色 SPF40・PA+++ 40㎖ ¥3000／資生堂インターナショナル　d 酸化やシミを寄せつけないビタミンC配合。オバジC マルチプロテクト UV乳液 SPF50+・PA++++ 30㎖ ¥3000／ロート製薬　e 汗・水はもちろん、こすれにも耐久性を発揮。ビオレUV アスリズム スキンプロテクトエッセンス SPF50+・PA++++ 70g ¥1500（編集部調べ）／花王　f 黄ぐすみをトーンアップする、通称「ピンクの美人UV」。UV エクスペール トーン アップ ローズ SPF50+・PA ++++ 30㎖ ¥5800／ランコム

BEAUTY COLUMN
02

Thank you は魔法の言葉

　肌と心はつながっています。思い悩んだり、落ち込んでネガティブになっているときって、肌がくすんだり表情も曇りがちになってしまうものですよね。肌も心も健やかで美しい人になるためのおまじないとして、「ありがとう」に勝る言葉はありません。誰かに親切にしてもらったときににっこり微笑んで「ありがとう」と言うのはもちろん、毎日頑張る自分自身にぜひ「ありがとう」の言葉をかけてねぎらってあげてほしいんです。夜、鏡を見ながらスキンケアをするとき、「今日一日、サンキュー」って声をかけてあげてください。最初はちょっと気恥ずかしいかもしれませんが、感謝の気持ちをそっと思い出させてくれるそのひと言が、一日の中で生まれたいろんなよどみやくすみを、内側から浄化してくれる気がするんです。たとえば、私にも理不尽な目にあって、「こんちくしょう！」と悔しい気持ちになる日はあります。でも、そんななかでも「サンキュー」のひと言があれば、ギスギスした気持ちやイライラがほどけて、引きずらずに次に進むポジティブなパワーがわいてくるんです。サンキューは魔法の言葉。人にやさしく、そしてそれ以上に自分にやさしく、ありがとうの声をかけてみてください。肌も表情も心も、なんだか明るく晴れ渡るはずです。

"Mariko's" Advice

6

つらいときは
休むが勝ち

[It is better to take a rest when it is hard.]

MARIKO'S ADVICE 6

つらいときは暮らしが最優先。ひと休みしても きれいはいつでも待っていてくれます

　美容でいちばん大切なのは、きれいになりたいと心から思うこと、そして自分にやさしくすること。忙しかったり、つらかったりするときは、無理に頑張らずにひと休みしたっていいんです。やらなくちゃいけない！と思うほど、やりたくなくなるし、できなくなってしまう。それよりも、「これならできる」と思える、心負担のないことをうまく取り入れていけばいい。肌は、自分できれいになる力を備えています。頑張らないなりにそのときそのときの生きているきれいが宿るもの。真面目な人ほど自分を追い詰めてノルマを課したり、「あれもこれもできない自分」と自己嫌悪に陥りがちですが、「なんとかなるさー」と気軽に構えて、まずはリラックスリラックス。疲れたときは、寝てしまってもいい。その代わり、あとで余裕ができたら普段より丁寧にお手入れをして挽回すればいいんです。この章では、つい頑張りすぎてしまう人に向けて、私なりの力の抜き方や「ひと休みのすすめ」をまとめました。つらいときは、サボるくらいがちょうどいい♪

Topic
自分を追いつめないための5カ条掲示板

忙しいときやつらいときほど「なんとかなるさ〜」と力を抜いて。ひと休みする力の抜き方、教えます!

☑ NO! ノルマ

あれもこれもと自分に課して追いつめると、肌も心もいつの間にかくすんでしまうもの。たくさんのスキンケアルーティンをこなすより、1秒でも早く休んだほうがいい日もある。疲れた日は、オールインワンやクリーム一品使いなど気楽なシンプルケアを味方につけて。メイクしたまま寝ちゃっても、あとでリカバーすれば大丈夫。

☑ 10個のことより1個だけ丁寧に

時間がないときや疲れているときは、10個のことを急いでやるより、1個のことを丁寧にやることを意識。化粧水、美容液、クリームと全部をパパッと塗るくらいなら、クリームだけを心を込めて塗ってみる。そのほうが気持ちも落ち着くし、肌もやわらかくほぐれる。「お手入れ」や「手をかける」って、アイテムの多さではないんです。

☑ 大丈夫!と自己暗示

忙しさや大変のドツボにはまっているときって、自分を追いつめがち。「どうしよう」「こんなんじゃダメだ」と焦れば焦るほど、かえって不安になったり、つらくなったりして動けなくなるので、急がば回れ!の精神で冷静になることが先決です。「なんとかなるさ、大丈夫!」と自己暗示をかけて気持ちを切り替えれば、いい策が見えるはず。

☑ 気づいたときに深呼吸

焦ってイライラしたり、必死に根をつめているときは、たいてい息を止めたり呼吸が浅くなりがち。気づいたときに肩の力を抜いて、ゆっくり深く呼吸してみましょう。ゆったりした気分で、酸素を行き渡らせれば、肌全体に栄養が行き渡りやすくなり、血の巡りがよくなって顔色もアップ。深呼吸は無料で手に入る美容液です。

☑ うまくいかないときは、寝る!

どっぷり疲れたときや落ち込んだときは、肌の吸収も低下しているもの。そんなときは布団をかぶってさっさと寝てしまったほうが翌朝の肌がきれいだったりするもの。本当はメイクを落として、クリームぐらいは塗ってほしいけれど……。どんなスキンケアを使うよりも、寝るのがいちばん肌を回復させることを覚えておいてください。

何もせずに寝てしまったときの
翌朝、挽回ケア

メイクを落とさないで寝てしまった日は、翌朝に挽回ケアをすれば大丈夫!
たっぷり寝て疲れが回復した肌が、手厚いケアでさらに輝きます。

1. いつもより念入りなクレンジングと洗顔で宵越しの汚れを一掃

まずは、洗いそびれた汚れをきれいに落とすことから。クレンジングと洗顔でメイク汚れや宵越しの酸化皮脂を、丁寧にオフ。皮脂や角質がたまりやすい、額・鼻まわり・あごは特に念入りに。ゴワつきがひどいときは、酵素やクレイ配合の洗顔、ゴマージュを使っても。

2. 化粧水はたっぷりと二度づけ

スキンケアの受け入れ拒否状態のゴワゴワ肌になっていますから、化粧水は1.5倍の量を二度づけして。最初の一回で、毛穴が開いてゴワゴワに乾燥した肌を、水分の潤いでやわらかくほぐして。さらに重ねづけし、肌を潤いを行き渡らせて、透明感を呼び戻します。

3. 乳液またはクリームをたっぷりと手厚く塗る

ひと晩ほったらかしにした肌はガード力が弱まり無防備になっているため、たっぷりの乳液またはクリームでいつもより手厚くガードがお約束。キワも塗りもれなく、日中の乾燥やダメージに備えましょう。ベタつきが気になる人は、「ハンドプレス」でしっかり入れ込めば大丈夫!

4. 目薬で目にたまったアイメイクの汚れを流す

意外な盲点ですが、クレンジングせずに寝ると、夜の間にアイメイクの汚れが目に入って、目が汚れたり充血することがあります。そのままにしておくと、目にダメージがあるので、目薬をたっぷりとさして洗い流しましょう。清潔で潤った目元で、新しい一日をスタート!

"Mariko's" Advice

7

きれいの迷子は
肌の声を聴け!

[If you're lost your beauty, listen to your skin.]

物言わぬ肌の声にいかに耳を傾けるかで
今のスキンケアが正解かどうかが一目瞭然

　自分だけのきれいを探すスタートラインに立つには、肌に向き合って「知る」ことが必要です。一生ものの家宝になる「基本のスキンケア」を身につけたら、そのケアが本当に自分の肌に合っているのかを「肌の声を聴いて」確かめてみましょう。話さない肌の声を、どうやって聴くのか。それは、触覚という最高のセンサーを使って、触れること。毎日肌に触れてチェックして、潤いが足りているかどうか、不要な角質をためていないか、栄養や油分が多すぎないかを確認してあげましょう。そしてもうひとつ、肌の声を知るために必要なのは、鏡を見ること。思いどおりじゃない自分の状態を確認するのは、時に勇気のいること。思わず目をそらしたくなったり、今さらまじまじと向き合うのが照れ臭かったりすることもあるかもしれません。そんな気持ちをグッと抑えて、ただありのままの自分の姿に興味を持って、向き合ってみましょう。まずは自分を知り、物言わぬ肌の声に耳を傾けることから始めてみてください。

Topic
スキンケアがうまくいかないときの サインに合わせて寄り添いアドバイス

触れたらわかる、肌の不調サインをチェック！ どんなケアが必要か読み解きます。

肌がカサッとしている！？

MARIKO'S ANSWER

腕と同じぐらいサラサラなのは乾いている証拠

さわったときにカサッとするのはもちろん、腕の肌と同じくらいサラサラなのも乾燥サイン。乳液やクリームで油分を足して、もっちり吸いつくぐらいに保湿して。35歳以降は保湿美容液を追加しても。

→ 悩みが深刻なら P.76 をチェック！！

ゴワつき、ザラつきが気になる〜！

MARIKO'S ANSWER

そろそろ角質ケアが必要です

鼻の横やあごのザラザラ、頬や額のゴワゴワが気になったら、不要な角質がたまっているサイン。スクラブやゴマージュ、ターンオーバーを促す美容液、酵素洗顔、クレイパックなど、自分の肌に合った角質ケアを取り入れて、ツルツルのふかふかに整えましょう。角質を取りすぎるとバリア力が弱まるので、使用書にある回数は守って。

→ 悩みが深刻なら P.77 をチェック！！

肌がべとつく テカる

MARIKO'S ANSWER
浸透不足や水分不足のサインかも

大人のテカリやベタつきは、皮脂過剰の問題ではないことがほとんど。全体的にベタつくときは、浸透不足のサイン。ハンドプレスや指ずらしできちんと入れ込むケアを。Tゾーンがギトギトしているときは水分不足の疑いあり。化粧水をたっぷり重ねづけしてみて。

だるんとハリがなく元気不足!?

MARIKO'S ANSWER
エイジングケアとマッサージの始めどき

疲れたときに、ハリや弾力がなくなるのなら、クリームを塗るときにマッサージを取り入れて活力をチャージしつつむくみケアを。常にだるんとしているなら、使っているアイテムをエイジングケアに対応したものに切り替えて。

→ 悩みが深刻なら P.76をチェック!!

洗顔後、
あっという間に
乾く!!

MARIKO'S ANSWER
**クレンジングや洗顔を
マイルドなものに替えて**

必要な潤いまで、洗い落としてしまっているのかも。クレンジングを、潤いを守りながら洗うミルクやクリームタイプにシフト。ダブル洗顔を見直して、洗顔は夜だけに切り替えるか、潤いを与えながら洗う泡立てないタイプの洗顔に切り替えるのがおすすめ。

ぷつっと
できものが
できた。。。(涙)

MARIKO'S ANSWER
**今使ってるスキンケア、
リッチすぎるかも**

眉間や頬、口まわりにぷつっとできたときは、今使っているアイテムがリッチだったり、滞っているサイン。使っている乳液やクリームを少し軽めなものにシフトして。それでも治らない場合は、大人のニキビ対策ケアを取り入れて。

→ 悩みが深刻なら
P.74 をチェック!!

60

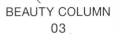

BEAUTY COLUMN
03

鏡の見方 LESSON

まず引きで見る ▶▶

まずは、全身鏡で引いた目線から見て、トータルバランスを知りましょう。顔だけ見るのではなく、ヘアやファッションも含めた自分のイメージを総合的にチェック！

◀◀ 次にバストアップで見る

もう少し近づいて、胸より上のバストアップで「印象」を見てみましょう。このくらいの距離感が、他人から見たときのあなたの印象。笑ったり真顔になったり、表情も確認を。

最後は寄りで見る ▶▶

最後に寄りで見て、自分の肌の「リアル」をチェック。最初は欠点を探さずにただ見ることを意識。慣れてきたら、磨きどころを探しましょう。目標は一日10回見ること！

Mariko's Advice

8

冷えは一寸も寄せつけるべからず

[Cold is a great enemy.]

冷えは百害あって一利なし！
温もりのある血の通った肌が美しい

　いろいろな女性の肌を見てきて思うのは、肌がきれいな人は温め上手だということ。それもそのはず、冷えた肌には化粧品がなじみにくいし、肌の生まれ変わりもスムーズにいかなくなってゴワゴワしたり、くすみやすく、血行不良になるせいで、酸素・栄養・潤いも巡りません。冷えは、美肌にとって百害あって一利なし。現代の女性は、冬の寒さだけでなく、暑い時期のエアコンの冷たい風にもさらされがち。美容家の方や美肌で知られるモデルさんたちと過ごすと、むやみに体を冷やさないように細心の注意を払っていることがわかります。外側からはもちろん、インナーケアでも冷え対策をしたり、うっかり冷えを防止する温めグッズを持ち歩いたり。皆さんそれぞれ工夫を凝らしているのです。最近では、肌を温めて巡りアップをサポートしてくれるスキンケアも豊富。常に活用して、ほんのり薔薇色の巡りのいい肌をキープしましょう。

Topic

冷やさないためのあいうえお事典

あ

温かい肌を
つくるのは、
炭酸コスメ

毛細血管に働きかけて血行を促進する炭酸コスメは、サッとひと塗りするだけで、丁寧にマッサージしたようなじんわり血巡りのいい肌を叶えてくれるお助けアイテム。くすみや血色の悪さ、肌の元気不足が気になるときは積極的に取り入れて、冷え肌を解消して。

a 元祖炭酸博士がつくりだした、即効力の高い逸品。1剤と2剤をブレンドする微発泡マスク。メディオン ドクターメディオン スパオキシジェル 10回分 ¥12000／メディオン・リサーチ・ラボラトリーズ
b 美容成分たっぷりの炭酸泡で美を起動する！ 化粧水を引き込む力もup。セラム ワン[医薬部外品]90g ¥12000(2019年11月8日発売)／花王(エスト)

い

いかなるときも
常温ドリンクと
レッグウォーマー
とショールと

冷え防止に、くるぶしからふくらはぎを温めるのがポイント。寒さやエアコンの冷えが気になる時期は、レッグウォーマーを持ち歩き、サッと羽織れて防寒になるショールも一年中バッグの中に入れています。また、普段からなるべく冷たいものは口にせず、飲み物も常温や温かいものを選ぶようにして、内側からも冷え防止を心がけています。

1 薄くて温かいシルクのレッグウォーマーを常備。目立たないベージュやブラックが定番。2 必需品のショールは服装に合わせてセレクト。基本はザブザブ洗えるものを選ぶように。

う

内から温める
高麗人参は、
もう30年

父が高麗人参マニアなこともあり、昔から我が家の常備薬的存在だった高麗人参。忙しいときも不調なときも、高麗人参に助けられて生きてきました。指先までぽかぽかと温まって、風邪もひきにくくなるんです。体調に合わせて、サプリをはじめ、お茶やコスメも愛用中。

c 手軽に飲める粉末タイプの高麗人参茶。d ペーストタイプの「紅参精エブリタイム」。e アンプルタイプの「正官庄 活気力」はいちばん濃厚で即効性も抜群。風邪のときに活躍。f 蜂由来の恵みと高麗人参をブレンド。g カプセルは携帯用。

え

襟の上まで
温めて、就寝中も
抜かりなく

肩を冷やすと、喉や上半身も冷えて、風邪をひきやすくなる気がします。夜寝るときはもちろん、ちょっとしたお昼寝タイムでも、布団やタオルケットを肩までかけるのが習慣。ノースリーブやキャミソールなど、肩を冷やす服では寝ないように意識しています。

お

温冷シャワーで
巡りスイッチ
ON!

冷えが気になるときや巡りが悪いときは、お風呂でひざ下を温冷ケア。入浴前に、シャワーでお湯と冷水を交互にかけるという動作を3回繰り返します。血管が収縮することで、一気に血流がアップ。お風呂を出たあとも、ずっとポカポカ続きます。末端である足がポカポカしていると、顔の血色までよくなるんですよ。

"Mariko's"
Advice

9

自分をちょっぴり
好きになる

[Focus on my good side.]

「自分大好き!」が遠い人も「自分、イイネ」なら意外と簡単♪

　きれいが遠いと思ってしまうのは、自分に自信がないから。これまでたくさんの人にスキンケアアドバイスをする中で、毎日真面目に頑張っているのに、なぜか自分に自信が持てないという人がほとんどだということに気づきました。実は、胸を張って自分に自信を持っていると断言できる人なんて、ごくわずかにすぎないんじゃないかな、と思うのです。自分に自信を持てたら素敵だけれど、自信とまではいかなくとも「自分、イイネ」ってちょっと好きになるぐらいでもいい。いきなり高みを目指しても置いてけぼりになってしまうから、「自信」という遠いゴールよりも、まずは一歩でも、半歩でも自分を好きになれるように「イイネ」から始めてみればいいんじゃないかな。生まれつきの顔立ちを変えたり、すぎた年月を巻き戻すことはできないけれど、スキンケアをコツコツ頑張っている積み重ねや、そしてそのかいあって自分の肌が少しずつきれいになっている実感は、確実に「イイネ」を増やしてくれるはずです。

Topic
自分を好きになるスイッチ、オン！
自分が嫌いでも自信がなくても大丈夫。ちょっとした心がけで、「自分、イイネ!」できる人に。

Point:1 自分を少し大事に扱う

「私なんか」と卑下して、落ち込んでしまう人は、理想が高い努力家が多いもの。理想とはほど遠い自分をたまに反省するのはいいけれど、否定するのはかわいそう。美容に関していえば、背伸びして絶世の美女を目指すのではなく、自分の魅力を引き出した自然なきれいを目指すこと。そして、いたずらに追い込まず、まずは楽しむ心を大切に何事にも取り組むこと。使っているアイテムはいつもと同じでも、小鳥や赤ちゃんをなでるようなやさしい手つきで、肌を大切に扱えば、その想いは肌にも伝わります。毎日のお手入れで、自分を大事に扱う練習をしましょう。

Point:2 "イイネ"を口ずさむ

朝鏡に映る自分に、「イイネ」と声をかけてみてください。最初は照れくさくて笑っちゃうかもしれないけれど、とりあえず「イイネ」と肯定的な声をかけてあげましょう。ささやかだけれど、毎日続ければ自分をポジティブに見るクセがつきます。慣れてきたら、「髪型がイイネ」「目がイイネ」と具体的な褒めポイントも添えて。さらに慣れてきたら、自分がかけてほしい褒め言葉をつぶやいてみましょう。無理にポジティブになろうなんて思い込まなくていい、自分が喜ぶ褒め言葉を見つけて、自分で自分を褒めてあげられる自家発電ができる人になってみましょう。

Point:3

お手入れのとき だけでいいから、 自分を最優先！

MARIKO'S ADVICE 9

　自分の優先順位、何番目ですか？　「いちばん」と迷いなく答えられたらいいけれど、環境やライフステージでどうしても自分のことは後回しという時期は誰にでもやってくるもの。せめてスキンケアのひとときぐらいは、自分をいちばんに考えてあげましょう。朝・晩、鏡の前の自分と向き合うときぐらい、自分に意識を集中させて。「ああなりたい」「こうなりたい」と夢を膨らませるのもいいでしょう。ささやかでもいいから、自分で自分を優先する時間を決めて確保すること。そうすれば肌も心も、カラカラのへとへとになる前に気づいてあげられます。

Point:4

一日10回 鏡を見る クセをつける

　実は私、30代の頃、忙しさを言い訳に、5年間ろくに鏡を見ていなかった経験があるんです。そのときは、自分が疲れてくすんだ顔をしていることに向き合うのを、無意識に避けていたんですね。見ないふりをしているうちは、本当の意味で自分を好きになることって難しい。大きな目標を持たなくてもいいから、まずは鏡を見るクセをつけましょう。鏡を見る回数は、どれだけ自分のことを意識しているかのバロメーター。朝と夜だけではなく、ランチを食べたあとや家に帰る前の顔も。目標は一日10回。自分の姿を、なんのジャッジもせずに見る習慣をつけて。

69

"Mariko's" Advice

10

SOS には、
美の救急箱

[In case of emergency, ask for help in the beauty first aid kit.]

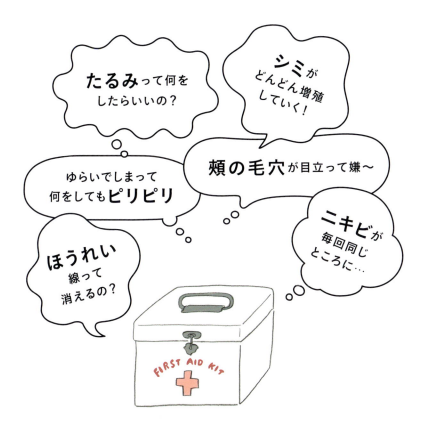

肌スランプから、自力でレスキュー！
困ったときのお助けコスメ＆メソッド

　肌のコンディションがイマイチだけど、皮膚科にかかるほどではない。そんなとき、頼りになるコスメより効果的なメソッドを知っていれば、いざとなったときに心強いですよね。日頃から肌を見て触れてよ〜く観察して、「疲れたときにこんな悩みがでやすい」「この季節にはこんな肌落ちをする」というパターンを把握しておきましょう。そして、肌からの些細なSOSサインを見逃さず、おかしいな？と感じたら救急箱ケアに切り替えを。この章では、悩みから逆引きしたおすすめのスキンケアやメソッドを網羅。転ばぬ先の美の救急箱で、肌の不調に自分で対処する術をレクチャーします。

Topic
肌のSOS別救急お手あてアドバイス

悩みに応えるコスメと、しっかり届ける手技の合わせ技でレスキュー！

SOS 毛穴

MARIKO'S ANSWER
黒ずみやつまり毛穴は、大掃除＆引き締めてクリーンに

何はなくとも、つまりや黒ずみの原因となる、古い角質と酸化皮脂が混ざった「角栓」を取り除くことが先決。タンパク質汚れを溶かす酵素に、皮脂を吸着する炭とクレイを合わせた洗顔でくるくる洗って突破口を開いて。開いた毛穴は高い抗酸化力で知られる、APPS配合のエッセンスで引き締めつつ鎮静。つまりにくい環境を整えて。

1.酵素洗顔で額から鼻にかけ、四方八方から毛穴の汚れをかき出すようにくるくると洗う。2.毛穴に美容液を重ねて、引き締め＆鎮静。

a 酵素・炭・吸着泥の合わせ技で、毛穴汚れを一掃！ ディープクリア 洗顔パウダー 1回分×30個 ¥1800／ファンケル　b 100倍浸透型ビタミン「APPS」の力で、鎮静＆引き締めを。VC100APPSスペシャルエッセンスEX 7日×4セット ¥11000／ドクターシーラボ

MARIKO'S ANSWER
頬のたるみ毛穴は、底上げケアを投入してパンプアップ！

毛穴は毛穴でも、頬に現れる、ぽっかり開いた毛穴や雫型の「たるみ毛穴」は、肌にハリや弾力が不足しているサイン。落とすケアではなく、与えるケアの見直しが必要です。真皮に働きかけて底上げしてくれるエイジング美容液を投入。ハンドプレスでしっかり押し込んで、しっかりとパンプアップしましょう。

c ハリと活力に満ちた肌に導くエイジングケア美容液。クイーン オブ セラム 90g ¥8000／DHC　d 皮脂を抑えつつ、たるみまでも予防。毛穴悩みにパワフルかつトータルアプローチする化粧水。エンビロン C-クエンストーナー 130ml ¥10000／プロティア ジャパン

1.美容液を肌全体に塗りハンドプレスしつつ引き上げ。2.鼻の脇をプッシュしてほぐす。

SOS シワ

PRESS

1.ほうれい線や目尻などシワの気になる部分に美容液をなじませたら、シワに沿わせてプレスし浸透させて。
2.ほうれい線に沿って中指をあててプッシュ。指一本分ずつずらしながら引き上げ、ストレッチ。

MARIKO'S ANSWER

ほうれい線には、始点終点をプッシュ、リフトが効き目大！

最近では、シワを改善する効果が認められた医薬部外品のシワ対策美容液が登場し、シワに悩める肌の強い味方に。ほうれい線や目尻などのシワ部分になじませたら、浸透させるプレスやストレッチなどの手技を併用し、こわばりや表情のクセをリセット。頑固な折れグセを初期化して、シワの溝をふっくらと盛り上げるようなじませましょう。

e シワの要因を抑える有効成分「ニールワン」を配合した、大ヒット美容液。リンクルショット メディカル セラム［医薬部外品］20g ¥13500／ポーラ

e

1.眉の上に4本の指を置き、上に軽く引き上げつつ円を描くように、生え際までマッサージ。
2.眉上に手のひらをのせ、交互に髪の生え際までストレッチするよう引き上げる。

f 化粧水と混ざるとバーム状に変化する新ベース成分を配合。シワ部分へパックのようにぴたっと密着。iP.Shot アドバンスト［医薬部外品］20g ¥10000／コスメデコルテ

MARIKO'S ANSWER

額のさるジワは、ほぐし＆ストレッチでなめらかに

おでこの肌の弾力が低下すると、皮膚が頭蓋骨に薄く張りついたようにペタっとしがち。さらに、皮膚が硬くなることで、目を見開くと横ジワが出現してしまいます。シワにアプローチしつつ、ふっくらと弾力のある肌を叶える高保湿＆濃密な美容液セレクト。縦と横にシワをほぐしつつ、ストレッチするようなマッサージを取り入れて。

SOS ニキビ

MARIKO'S ANSWER
首筋を流して**滞り**を解消

大人ニキビは、乾燥・皮脂・ホルモンの乱れ・食生活の偏り・睡眠不足・ストレスなど、さまざまな要因が絡み合ってできるもの。悪化したら皮膚科に行くのが大前提として、予防のためにはコスメが役立ってくれます。基本は、過剰な皮脂を取り除き、肌を清潔に保ち、やさしく保湿すること。皮脂過剰&赤くなったニキビには、首をほぐして老廃物を流すケアも有効。

1. げんこつをつくり、第二関節の骨を首筋にあて、上から下に流す。2. 親指を首のつけ根、第二関節の骨を首筋にあて、やさしくくるくるとほぐす。

a 高浸透型ビタミンC（APPS）誘導体が皮脂の分泌を整える。サイクルプラス エンリッチ ローション 80ml＋パウダー ¥2800／ナリス化粧品　b 洗顔後の肌に使うプレローション。薬用 ビューネ［医薬部外品］160ml ¥6000／メナード　c 潤いを届けながらニキビを防ぐ。ミノン アミノモイスト 薬用アクネケア ミルク［医薬部外品］100g ¥2000（編集部調べ）／第一三共ヘルスケア

MARIKO'S ANSWER
ポツンとできた ニキビは、ピンポイント 攻めで対処

ポツンとできたニキビは、化粧水で鎮静のあと、皮脂や炎症を抑え清潔に保ってくれるアイテムをポイントづけ。コットンよりも、摩擦の少ない指でそっと塗ったほうがベター。肌全体のケアは、軽めにシフトするのがポイント。クリームは乳液に、とろみ化粧水はシャバシャバの化粧水に。エイジングケアラインよりも、シンプルな保湿ラインに切り替えて。

肌全体を化粧水で鎮静し、大人ニキビ対応美容液を清潔な指でピンポイント塗り。

d 毛穴のつまりを防ぎ、過剰な皮脂をコントロール。アクネ クリアリング ジェル［医薬部外品］30ml ¥5000／クリニーク　e「ライスパワーNo.6エキス」が皮脂を抑制。ライスフォース アクポレス リフレッシュスキントナー 100ml ¥6000／アイム

SOS
シミ

1.2.蒸しタオルと冷やしタオルを交互に15秒ずつ、温冷温の順で顔にのせる。温冷効果で巡り＆代謝アップ。

1 \HOT!/
2 \COOL!/
3 やさしく♡

3.美白美容液を、「指ずらし」で顔全体に押し込むように塗る。

MARIKO'S ANSWER
シミの基本ケアは、面美白がおすすめ

一度できてしまったシミは、ホルモンバランスや紫外線の影響で、濃くなったり薄くなったりを繰り返しながらの長いおつき合いになります。さらに、35歳すぎて１個できているなら、その周囲にはシミ予備軍が無数に控えていると考えて間違いない。シミ部分だけではなく、全顔に塗る美白美容液で透明感を出し、肌全体を底上げしましょう。

f「鎮静」「色素沈着」「炎症」の３つにアプローチ。ブラン エクスペール メラノライザー AI アドバンスト[医薬部外品]30㎖ ¥12000／ランコム　g ふたつの美白有効成分がマルチなシミ悩みに対応するから、美白が効かないと感じたときの強力な味方！ HAKU メラノフォーカスＶ[医薬部外品]45g ¥10000（編集部調べ）／資生堂

h 大人のシミにＷアプローチ。シミがつくられ続けるのをストップ。ソフィーナ ホワイトプロフェッショナル 集中美白スティックET[医薬部外品]3.7g ¥4000（編集部調べ）／花王　i 硬くなりがちな肌をやわらげ、美白有効成分を届ける。ホワイトロジスト スティックセラム[医薬部外品]4g ¥10000／コスメデコルテ

MARIKO'S ANSWER
早く頑固ジミと決別したいなら美白のダブル重ね

美白美容液を使い続けて肌がトーンアップすると、逆にシミが濃く目立つことも。気になるときは、シミ部分にピタッととまるスポッツ美白の重ね使いを。濃いシミは、美白ケアを一本使い切ったぐらいで簡単に消すのは難しいのが正直なところ。美白は１年先のゴールを目指して、気長に取り組むつもりで。継続は力なり！

SOS インナードライ

化粧水をなじませたあと、肌全体を指でペタペタとピアノを弾くようにタッチ。

MARIKO'S ANSWER

化粧水が入らない&貯水できない乾燥肌は、ペタペタ塗りで潤い満タンに

肌表面はベタついているのに、内側は水分不足でカラカラなのがこのタイプ。一見しっとり見えるのに、なぜか小ジワが目立ったりハリ不足になりがち。肌表面の皮脂にだまされず、洗顔後すぐに化粧水でたっぷり保湿するのがポイント。肌がたっぷりと潤い、手でさわるともちもちと吸いつくようになったら、潤い満タンのサイン！

a 中は潤うのに外は爽やかなタッチのインナードライに最適な美白乳液。スパ・エ・メール モイスチャライザー Ⅰ しっとり 150㎖ ¥6500／コーセー（プレディア） b 濃密なウォータージェリーが、肌に触れた瞬間みずみずしく弾ける高浸透化粧水。オルビスユーローション 180㎖ ¥2700／オルビス

SOS たるみ

1.口を開けたときにくぼみができる噛み合わせ部分を、3本指でプッシュ。2.指をフェイスラインに沿わせて、顔の肉を下から上に持ち上げるようにプッシュ&リフト。

MARIKO'S ANSWER

ゆるんとハリ不足肌は、噛み合わせプッシュ&引き上げ塗りでリフト

加齢や紫外線ダメージ・むくみ・筋力の低下・肌のコリ・ホルモンの変化などの影響で、肌が下へ下へとゆるみはじめる「たるみ」。普段から歯をくいしばって頑張っている人が見舞われやすいエイジング悩みでもあります。マッサージのやりすぎや、強い摩擦はたるみを悪化させるので要注意。筋肉を垂直に押す手技を試してみて。

c 濃密な潤いとハリで包み込み、瞬間にパンとした肌へ。カネボウ リフト セラム［医薬部外品］50㎖ ¥20000／カネボウインターナショナルDiv. d 肌を引き締めながら、肌表面の影にもアプローチする引き上げ美容液。セラム ラフェルミサン S［医薬部外品］40g ¥30000／クレ・ド・ポー ボーテ

1.首を左右前後にストレッチし、ゆっくりと回す。2.手のひらをこすって。軽く温める。顔を包み込み、圧をかけながら内から外、外から内に移動させる。

SOS むくみ

MARIKO'S ANSWER
首ストレッチで巡りアップ。むくみのもとを追い出す

むくみの原因は、肩コリや寝不足、塩分のとりすぎで代謝が悪くなったり、冷たいものが原因で体が冷えることで巡りが悪くなることなど。このむくみを放置していると、たるみとして定着する可能性があるので、「むくんでいるな」と感じたら、その日のうちに改善ケアを。冷たいものや塩分の多いものを控えるなど、食生活も見直しましょう。

e 肌を引き締めつつふっくらとした弾力で満たし、立体小顔へ。フォーエバー リブレイター Y セラム N 30ml ¥13500／イヴ・サンローラン・ボーテ f ミネラル豊富な泥と海藻のマスクで引き締め。スパ・エ・メール ケルプ ファンゴマスク 500g ¥6500／コーセー（プレディア）

SOS ゴワつき

濡れた肌にマスクやゴマージュをなじませ、優しく円を描くようマッサージ。額、小鼻、眉の上、唇のまわり、あごは特に念入りに。

MARIKO'S ANSWER
触れたときにゴワッとする肌は、要ディープクレンジング

肌がゴワゴワとこわばり、スキンケアの浸透が悪くなったり、疲れた印象に見えるときは古い角質がたまっている証拠。ゴマージュやクレイパックでやさしくディープクレンジングを。大人の肌に取りっぱなしはNG。角質ケアのあとは化粧水を二度づけし、クリームを重ねて手厚く保湿。乾き知らずのむき卵肌をキープして。

g クレイや火山岩で汚れを吸着しつつ、たっぷりミネラル補給。すべすべの陶器肌に整える。オサジ クレイパック Ibuki 180g ¥3000／日東電化工業 h ぷるぷるのジュレベースに天然植物スクラブを配合。エレメンタリー フェイシャルゴマージュ 100g ¥12000／ITRIM（イトリン）

SOS くすみ

MARIKO'S ANSWER
くすみは、色タイプ別にケアを！

ひと口にくすみといっても、その原因は血行不良、メラニン、糖化、角質肥厚などさまざま。そこで注目すべきは、くすみの色。色に合わせた、適材適所のくすみケアを紹介します！

色タイプ	原因	撃退法
黄ぐすみ	**栄養不足と糖化を疑って！** 甘いものを控え、お水をたっぷりとるなど食生活の見直しを。スキンケア面では、潤いと栄養を与えつつ、速攻で透明感をアップする美白ものの集中ケアが頼れる！	a アンフィネスホワイト ターンホワイト チャージャー[医薬部外品] 2mℓ×14本 ¥8000／アルビオン　b トランシーノ薬用ホワイトニングフェイシャルマスクEX[医薬部外品] 20mℓ×4枚 ¥1800（編集部調べ）／第一三共ヘルスケア
青ぐすみ	**血流＆活力アップが課題** おなかを温め、腹式呼吸で血流アップをしつつ、肌もスチームで温めるなど、血行促進の工夫を。活力や元気をチャージし、肌の免疫力をアップする美容液を投入して。	c SHISEIDO アルティミューン パワライジング コンセントレート N 50mℓ ¥12000／資生堂インターナショナル　d めぐりズム 蒸気でホットアイマスク ラベンダーセージの香り 5枚入り オープン価格／花王 
茶ぐすみ	**まずは疲れを癒やすことから** 疲れがピークに達していたり、自分後回しぎみだと茶ぐすみがちに。深呼吸したくなる香りのオイルやヘッドマッサージャーで疲れを癒やすことから始めて。	e 精油のパワーで整える。エミング フェイシャル オイルエッセンス 28mℓ ¥13500／THREE　f 頭皮をもみほぐしてリラックス。アセチノヘッドスパリフト ¥12500／ヤーマン
グレーぐすみ	**深呼吸で巡りのいい肌に** デコルテからのマッサージで、巡りをアップ！ 不足しがちなツヤはオイルで補いましょう。また、このタイプの人は呼吸が浅いので、深呼吸を心がけて。	g 艶やかな肌に。メルヴィータ ビオオイル アルガンオイル 50mℓ ¥3600／メルヴィータジャポン　h 炭酸で巡りをアップ。洗い流さないタイプ。エステパック 90g ¥8500／ジェノマー 
黒ぐすみ	**代謝を高めてデトックスを** 肌の生まれ変わりのリズムが乱れ、ゴワつきがちに。塩分を控えつつ、運動やお風呂などでデトックス＆代謝アップに励んで。スクラブやデトックス美容液が味方。	i クレイ配合のジェルスクラブ。クレイ ピューリファイング スクラブ 75g ¥5000／SUQQU　j 素肌のデトックスを助ける。ワン エッセンシャル セラム 30mℓ ¥11500／パルファン・クリスチャン・ディオール 

SOS ゆらぎ

MARIKO'S ANSWER
敏感肌用をライン使い。摩擦厳禁！でやさしく押し込み塗りを

肌がゆらいだときは、ダブル洗顔をお休みし、角質ケアやコットンなど肌に刺激を与えるケアは控えて。敏感肌用コスメでしっかりと、肌バリアを立て直すことが大切です。あれこれ使うより、化粧水で保湿したあとに、乳液、クリーム、バームで密封するようなシンプルケアに徹して。肌のpHを安定させるために、ライン使いがおすすめ。

摩擦は厳禁！ 基本、横に滑らせる塗り方はやめ、手のひらで包み込むように塗り広げて。

k 弱まったバリア力を強化し、潤いを守り抜く。イハダ 薬用ローション（しっとり）[医薬部外品]180㎖ ¥1500　l 同 薬用エマルジョン [医薬部外品]135㎖ ¥1600　m 同 薬用バーム[医薬部外品]20g ¥1350／資生堂薬品　n やさしい使用感ながら、肌を強力に立て直し。ストレスゆらぎにも対応。アヤナス クリーム コンセントレート 30g ¥5500　o 同 ローション コンセントレート 125㎖ ¥5000／ディセンシア

摩擦防止＆まんべんなく行き渡るよう5点に置き、手のひらで圧をかけるようなじませて。

MARIKO'S ANSWER
肌の赤みが強いときは、水ものは省略！オイルやバームで保護

赤みがあるときや、化粧品が染みるときは、化粧水などの"水もの"はお休み。バーム、オイル、クリームなどのバリア機能の代わりになるアイテムで、保護＆鎮静を。ゆらぎ肌の原因は、寒暖差・花粉・ストレス・疲労・睡眠不足・食生活の乱れなどさまざま。皮膚科に相談し、ゆらぎの原因を突き止めましょう。

p 抗炎症にすぐれた皮膚科医発想のジェルクリーム。TSUDA SETSUKO スキン バリアクリーム [医薬部外品] 35g ¥5500／ドクター津田コスメラボ　q 古くから抗菌・抗酸化作用で知られる月桃のエキスを配合したバーム。ムーンピーチタマスアビバーム 17㎖ ¥4500／レセラ　r 肌本来の皮脂に近い、シンプル＆ピュアなオイル。ハーバー 高品位「スクワラン」30㎖ ¥2500／ハーバー研究所

"Mariko's" Advice

11

肌も心も オアシス化計画

[Plan to make your skin and mind like an oasis.]

潤っている人は美しい。
肌にも心にも、湿度とやわらかさを忘れずに

　情報があふれ、常に追い立てられるような現代社会。肌だけでなく、心も緊張して、乾いて、硬くなってしまいがちです。硬くなるということは、頑なになるということ。肌にも心にも潤いを与えて、やわらかくいられるよう工夫したいものです。私が憧れるのは、潤っていてやわらかで、和やかな雰囲気をまとう人。自分も人も心地よくできる、オアシスのような存在！　パーフェクトな美人を目指すのはハードルが高いけれど、いつでも潤っていてやわらかくて、その人がいると和やかになるような人なら、誰でもいつからでも目指せる気がしませんか？　肌はリラックスした気持ちで保湿ケアをコツコツすれば、一週間でやわらかくみずみずしく生まれ変わります。さらにせっかくなら、表情や仕草や声や言葉も雰囲気も、トータルでやわらかくて潤った人を目指したい。大人になると、目鼻立ちがどうこうよりも、やわらかくて湿度のある雰囲気のある人のほうが輝いて見えるもの。自分オアシス化計画、始めてみませんか？

Topic
肌もボディも生活も
オアシス化する7つの習慣

1 外出時はいつだってポータブル保湿

ポーチやデスクに忍ばせて、いつでもどこでもメイクの上からでも潤い補給。ポータブル保湿コスメを持ち歩いて、いついかなるときも乾く間を与えない！

a メイクの上から手軽に狙い撃ち保湿。RMK インスタント トリートメントスティック 2.5g ¥800／RMK Division　b 潤い改善効果が認められた保湿成分ライスパワーNo.7配合。米肌 肌潤エッセンスバーム 9.5g ¥3500／コーセープロビジョン　c ほんのりピンクの肌にトーンアップしながら、保湿＆UVケア。ランタンポレル ブロッサムクリーム コンパクト SPF15・PA+ 12g ¥8800／パルファム ジバンシイ

2 デリケートゾーンも潤いチャージ

意外と乾いて、黒ずみやかゆみなどトラブルを引き起こしやすいので、専用のウォッシュやローションで潤いキープ。

d ローズの香りのオーガニック潤滑ボディローション。アンティームオーガニック by ルボア アンティーム ローズ ローション 100mℓ ¥3000／サンルイ・インターナッショナル　e 潤いを与えながら洗う洗浄料。ウーマン エッセンシャルズ ジェルウオッシュ 200mℓ ¥3800／BCL　f 外出時に便利なデリケートゾーン用ウェットシート。サマーズイブ フェミニンクレンジングワイプ ノーマルスキン 16枚 ¥400／ピルボックス ジャパン

3 緑を置いてオアシスルームに

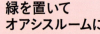

部屋には大きな観葉植物を置いて、オアシス空間に。自分が調子が悪いときは、葉っぱも元気がなくなったりして、察してくれているのかな？と愛しさがわきます。

4 旅で心をオアシス化

大自然の中でエネルギーチャージ。上の写真はカンボジアの夕焼け、下はパワースポットで有名なセドナです。

お礼や気持ちを届けて人間関係をオアシス化

ぽち袋やお礼状用のカードを日頃からコレクション。ありがとうの気持ちを、ちょこちょこっと伝えることで、人間関係も潤う気がしますね。

カラカラの砂漠肌はシートマスク+ラップ密封で肌が即ぷるぷるチェンジ

肌の砂漠化には、高保湿シートマスクをした上からラップをオン。潤いの密封効果で、ぷるぷる肌が復活！　朝にすれば、化粧ノリ＆持ちがアップ。

g 1枚に、化粧水約30回分を染み込ませた集中保湿マスク。たっぷり潤いを抱え込んだ、みずみずしいオアシス肌に。ザ ローション マスク 5セット入 ¥6000／花王（エスト）

24時間潤った唇をキープするリップケアマニア

唇が渇きやすいから、バッグやポケット、家中のあちこちにリップを常備しないと落ち着かない、リップマニア！　食べたり、話したりしたあとは、乾燥を感じる前に先手ケア。

リップをマッサージ塗りした上から、ラップで密封すると、ぷるぷるに！

h 一本持っていると安心な、口唇炎、口角炎の治療薬。モアリップ[第3類医薬品]8g ¥1200／資生堂薬品　i 荒れやすい敏感な唇を、みずみずしく保湿。dプログラム リップモイストエッセンス N [医薬部外品]10g ¥1500／資生堂インターナショナル　j うるっとベビーピンクの唇を演出。紫外線防止効果も魅力。リップエッセンス（ディープモイスト）a SPF18・PA++ 10g ¥1200／エテュセ

k つるんとなめらかな仕上がりが唯一無二。何個もリピートしている名品。シスレー バーム コンフォール 9g ¥7200／シスレージャパン　l 繊細なゴマージュと、美容液成分たっぷりのバームのセット。かさかさの唇がふっくらつるつるによみがえる。ラグジュアリーな使い心地にうっとり。ソワン ノワール リップ（バーム 7ml、ゴマージュ 10ml）¥12000／パルファム ジバンシイ

"*Mariko's* *Advice*"

12

効く肌づくりは
おっぱいから始まる
コリほぐし

[The foundation of the skin is made by loosen up your chest.]

おっぱいから上が顔ぐらいの気持ちで
コリとつまりをリリース。エステ級の効果あり!

　背中を丸めてスマホやパソコンのモニターを見る現代女性は、バストまわりがこり固まっている人がとても多いもの。胸が縮こまってしまうと、血液やリンパの流れが悪くなり、顔もバストも下がってたるみやすくなり、肌のくすみにもつながります。だから、本気で肌のことを考えたら、リンパ、血流、老廃物を巡らせるためにも、マッサージはおっぱいから上。胸・デコルテ・腕のつけ根も含めた上半身をマッサージするのが、間違いないんです。コリをほぐし、つまりを解放して、リンパを流すと、血色や透明感はもちろん、むくみケアにもなり、圧倒的にたるみにくい肌が手に入ります。特別なマッサージクリームを使わなくても、いつものボディクリームで大丈夫。終わったあとは、顔が引き上がって血色がよくなるのはもちろん、バストがぐっと引き上がるはず。誰でも自分でエステ級の成果を実感できるのが、おっぱいから始まるコリほぐしマッサージ。リラックスして過ごす週末に、ぜひ取り入れてみてくださいね。

Topic

スキンケアの効き目が格段にアップする！
おっぱいから始まるコリほぐしテクニック

コリもよどみもリセットして、フェイスラインもバストも上向きに！ おっぱいから始める巡りアップマッサージで、いきいきと血色のいい、スキンケアが効く肌を育もう。

1/
握りこぶしを胸のワキにあて内側へやさしくプッシュ

両手で握りこぶしをつくり、乳房の脇に第二関節の骨をあて、3秒間かけてゆっくり内に寄せるように押す。

▼

POINT!
3秒間かけて
ゆっくりと

2/
1を胸ワキの上・中・下各5回ずつ繰り返す

1の動作を、胸脇の上部・中央・下部に分けて、各5回ずつ繰り返す。これだけでポカポカしてくる人も。

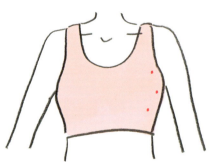

Recommend!

a

b

a 8種のセラミドを贅沢配合。こっくりとした感触で潤いキープ。ケアセラ AP フェイス＆ボディクリーム 70g ¥1200（編集部調べ）／ロート製薬　b マッサージしやすい厚みのあるテクスチャーとリラックス感のある香りが魅力。アロマティック マッサージオイル 100ml ¥2500／ニールズヤード レメディーズ

3/
左右5回ずつ
鎖骨下を指でプッシュ

親指以外の指4本を鎖骨の下の中央にあてる。つかむように押しながら、腕のつけ根まで移動させる。反対も同様に各5回ずつ。

▼

4/
腕のつけ根を
もみほぐす

腕のつけ根を親指以外の4本の指でくるくるとほぐす。こり固まりやすい部分なので、よくもみほぐして。

POINT!
やわらかくなるまで
もみほぐす

5/
ワキをつかんで
もみほぐす

ワキの下を軽くつかみ、やさしくなでるようにもむ。ワキの下全体をまんべんなくほぐして。

Topic
美肌&小顔効果も満点
顔コリほぐしテクニック

顔のコリだけでなく首の滞りを流すことで顔色もよくなり、むくみがとれるマッサージ。
ほぐして流すテクニックで、すっきりとしたフェイスラインが手に入ります。

POINT!
イーッと言って硬くなる部分をつまんで

1 / 頭の重さを利用して首筋をほぐす

親指と4指で首筋(広頸筋)をつまむ。首を左右に傾けて、頭の重さを利用してほぐす。

▼

POINT!
乳液やクリームを塗って行うとスムーズに!

2 / あご先のコリをくるくるほぐし

親指をあご裏にあててあご先をつまみ、唇に向かって押し上げ、くるくると回してほぐす。

▼

3 / フェイスラインをつまんでほぐす

フェイスラインを、あご先から耳上まで小刻みにつまんでほぐし、リンパの巡りをアップ。

| MARIKO'S ADVICE 12

POINT!
フェイスラインに沿って徐々にずらしながら押す

▼

4 /
フェイスラインを
プッシュ&アップ

親指以外の4本の指で輪郭に沿って、顔のお肉をそっと持ち上げるようにプッシュ。

▼

5 /
ヤッホーポーズで
耳横まで流す

ヤッホーをするように、人さし指の側面をほうれい線に沿わせ、耳横に向かって流す。

▼

6 /
下半顔を唇から
耳前まで流す

拝むように手を合わせ、鼻筋の横にあてる。頬骨の下を通って耳の手前までを流す。

▼

7 /
耳をほぐして
フィニッシュ

最後に、耳横のくぼみをぐっとプッシュ。さらに、ぐるりと耳を一周してほぐしていく。

"Mariko's" Advice

13

命あるものが美しい。だから、食

[The living thing is beautiful. so,food.]

きれいのもとは食べること。
旬の素材を彩り豊かにいただく

　肌も体も、食べるものからつくられています。スキンケアがきれいを助けてくれるものだとしたら、食べることはきれいの源。やっぱり、ちゃんと食べてる人の肌はきれいなんです。私自身、ニキビに悩んだ時期に、胃腸に負担をかけない和食中心の食生活に切り替えたら、肌質が変わってニキビができにくくなった経験があります。消化のよい食事は血流やリンパの流れをよくし、ニキビの原因となる肌のつまりを起こしにくくしてくれます。それに、食はハッピーにも直結。たとえば炊きたてのご飯を「おいしい！」と頬張る幸せって、ちょっとやそっとの悩みは吹き飛ばす力がある。旬のエネルギーがいっぱいの食材を、彩り豊かに、ちょっといい調味料を使ってシンプルにいただく。これに勝る贅沢はありません。この章では忙しい人でも簡単に作れて、肌にも体にもうれしい「水井食堂」の厳選レシピをお届けします。

水井さんのお皿コレクション
旅先では必ず食器を見て、並べたときにうれしくなるようなお皿を購入。旅の思い出に。

MARIKO'S Beauty & Healthy Recipe

忙しい朝、疲れた夜もこれさえあれば安心
定番時短おかず、つけ卵

材料 卵 1個、土佐醤油 適量 ❶卵の黄身と白身を分ける。❷黄身を小さめの保存容器に入れて、市販の土佐醤油につけて冷蔵庫で半日おく。大根おろしをかけておつまみにしたり、卵かけご飯に。麺と和えてもおいしい。

ねばねば三兄弟で、腸から元気を応援!
腸から疲労回復ねばねば麺

材料 納豆・めかぶ 各1パック、長いも 5cm、大葉 3枚、みょうが 1個、梅干し 1個 ❶皮をむいた長いも、しそ、みょうがはせん切りに。❷材料をすべてお皿に盛り付け、麺つゆをかける。市販のお豆腐麺やこんにゃく麺で冷やし中華風にしても。

油分と牛乳と加熱で、トマトの抗酸化力アップ!
トマトの抗酸化&美白スープ

材料 トマトジュース（無塩）500㎖、玉ねぎ 1/2個、ミックスビーンズ 1/2缶、ブイヨン 1個、牛乳・オリーブ油 各適量、パセリ少々 ❶スライスした玉ねぎをオリーブオイルで炒める。❷牛乳以外の材料を加えて煮込み、最後に牛乳を少し加え、みじん切りにしたパセリをのせる。朝食におすすめ。

発酵パワーで生活習慣病予防&美肌
野菜たっぷり腸活みそ汁

手軽な発酵メニューの代表格がおみそ汁! わかめ・しいたけ・高野豆腐などの乾物をそろえておけば、買い物に行けない日も安心! 時間があるときは、具が煮えてからいったん火を止め約10分後にみそを溶くと、おみその生きている発酵が発揮されます。

もやしと豚薄切り肉はお財布の友♪
もやしと豚肉の節約しゃぶしゃぶ

材料 もやし 1/3パック、かいわれ 適量、豚薄切り肉 3枚 ポン酢 適量 酒 少々 ❶もやしをゆでお皿に盛っておく。❷豚肉を半分に切り、沸騰させたお湯に酒少々を入れてゆで、もやしにのせる。かいわれを散らし、食べる前にポン酢をかける。

"食べる輸血" ビーツ meets 抗酸化野菜
最強のアンチエイジングスープ

❶鍋に水1000㎖、ひと口大に切った牛すね肉300gを入れ1時間煮込む。❷ビーツ、玉ねぎ、にんじん（各1個）のせん切り、ひと口大に切ったキャベツ3枚分、にんにく適量をフライパンでオリーブ油で炒める。❸鍋に②、トマト缶1缶、トマトペースト1本を入れ10分煮込む。❹赤ワイン・赤ワインビネガー各大さじ1と塩コショウで味を整え10分煮込む。

「まごわやさしい」、卵、酢キャベツ
美人ダイエット常備菜

カロリーを抑えながらバランスよく栄養を取ることができる「まごわやさしい」（豆、ごま、わかめ、野菜、さかな、しいたけなどのキノコ類、イモ）と、たんぱく質豊富なマルチ食材の卵を常備菜に。さらに毎食、食物繊維が豊富で、腸内環境を整える酢キャベツ（キャベツに酢をかけてしばらく置いたもの）を。

根菜と甘酒で内側から温める♨
冷えを撃退！ ポカポカ豚汁

材料 豚バラ肉 100g、にんじん 1/2本、大根 100g、ごぼう 50g、こんにゃく 100g、甘酒 大さじ5、みそ 大さじ2、醤油 小さじ1、和風だし 小さじ2、油少々 ❶豚肉、皮をむいた根菜、こんにゃくを食べやすく切り、ごぼうはささがきに。❷油で豚肉とこんにゃくを炒め、色が変わったら野菜を加えて炒める。❸水とだしを入れ、野菜が煮えたら甘酒とみそを溶く。最後に、隠し味の醤油を加えて。

MARIKO'S Beauty & Healthy Recipe

#水井食堂の
おもてなしレシピ

来客時は、野菜がたっぷり食べられて、
目にもおいしい彩り豊かなメニューを工夫します。

免疫力アップと疲労回復を応援
ビューティきのこ鍋

❶鍋にだし汁を沸騰させ、キャベツ1/4個と豚バラ肉2枚の細切り、長さ2cmに刻んだしいたけ、舞茸、えのき、しめじ、きくらげ各適量を入れる。❷しんなりしたらごま油を少量垂らし、好みのタレでいただく。❸締めにワンタンやつくねを入れていただく。

腸内環境を整え、むくみ対策にも
里芋の中華風トロトロ煮

❶里芋500gは皮をむいたあとに蒸して4等分に。❷フライパンに①と塩少々を入れ、ひたひたに水を入れて煮る。❸水分がなくなってきたら無添加鶏ガラスープの素大さじ1を入れて、とろとろの炒め煮に。麻婆豆腐や豆苗炒めと並べて、ヘルシー中華。

ビタミン、カロテン豊富な彩り自慢レシピ
カラフル生春巻き

❶紫キャベツ3枚、にんじん1本、レタス3枚、パプリカ(赤・黄)1個をせん切りにする。❷鶏ささ身2本は、酒(小さじ1杯)ふり軽くラップをかけ電子レンジでチンして細くさく。❸生春巻き4枚を水にくぐらせ、①、②、青ねぎ8本を並べて巻き、4等分に切る。

Mariko's Select
美の美味調味料

良いと聞いたり、出張先で見つけた、味も素材もこだわりの調味料。

佐野の塩こうじ
お肉にもみ込めば柔らかくなり、おみそ汁に入れればコクがアップ。野菜を塩こうじでもんで冷蔵庫に入れた即席漬けもおすすめ。¥650／佐野みそ

おだしのパックじん（黄）
やさしい風味の無添加だしは、断食後や体をスッキリさせたいときに活躍。アミノ酸たっぷりで満腹感が得られます。7g×18パック ¥1300／うね乃

手前自慢（中甘・半こし）
おみそが生きているのを感じられる逸品。おみそ汁ってこんなにおいしいんだと開眼するきっかけに。樽が並ぶ本店は圧巻です！ 500g ¥530／佐野みそ

Oki エゴマオイル
オメガ6豊富な無農薬＆無添加のエゴマオイルは、ドレッシングに活躍。いろいろ試した中で、クセがなくおいしいひと品。120ml ¥1600／Okiエゴマオイル

丸島醤油の生醤油
コクがちがう小豆島産。これをかけるだけで、納豆や卵かけご飯やもずくなどの何げないおかずのおいしさが、一気に10倍跳ね上がります。360ml ¥800／丸島醤油

きび砂糖
お砂糖は白砂糖ではなく、ミネラル豊富な茶色のものを選びます。マイルドで味わい深い、やさしい甘みのきび砂糖が定番。750g ¥379／日新製糖

玉姫酢 タマヒメ酢
素材の風味を引き立てる、京都の老舗のまろやかでツーンとこないお酢。酢キャベツを作ったり、餃子もこれでいただきます。900ml ¥480／齊藤造酢店

揚げ浜塩田　浜士の塩
500年前から続く伝統的な製法で作られた、ミネラル豊富な塩。塩むすび、野菜、卵にちょっと使うと、感動的な美味しさに。50g ¥400／奥能登塩田村

純米本味醂 福みりん
上品な甘みとまろやかさが増し、一気に料理上手な気分にしてくれるみりん。これを知ってしまったら、ほかには戻れません！720ml ¥880／福光屋

"Mariko's"
Advice

14

食べたって太らない
ダイエットのコツのコツ

[Tips of the diet that does not gain weight even if I eat.]

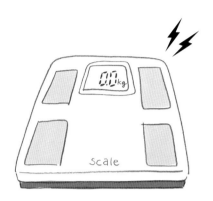

ダイエットとは一生のつき合い。だからこそ、無理せずちょこちょこがちょうどいい！

　料理するのも食べるのも、おいしいお店に行くのも大好き。その一方で、私のモットーは、「一生ダイエット」。太りやすい体質なので、高校生の頃からずーっとダイエットを意識しています。長いダイエット史の中では、たくさん失敗もしてきました。若い頃は少しぐらい無理なダイエットをしても大丈夫だったけれど、大人になってから同じことをすると肌がカサカサになってたるんだり、髪が抜けたりするリスクも。紆余曲折を経て行き着いたのが、「ちょこちょこダイエット」に勝るものはないという極意。ちょっと食べすぎたなと思ったら、あせらずに48時間で食事調整をしていく。そして隙間時間で運動したり、お風呂で代謝を上げたりと、いろんなちょこちょこを組み合わせて、自分にとってベストな状態をゆるやかにキープする。おいしいものを食べるハッピーは思いっきり享受しつつ、心地よい姿とコンディションを保つ。たくさんの失敗を経て行き着いた、無理しないダイエットのコツのコツを伝授します！

Topic

Mariko's 食べても太らない法則

食べるのが大好きで太りやすい体質だからこそ、ちょこちょこリセットを習慣に!

わざわざジムに通わなくても、合間時間に普段着のまま、汗をかかずにその場でできるダイエット体操をちょこちょこと実践。一回にかける時間は少なくても、積み重ねればちゃんと筋肉がついて引き締まる! 肩甲骨、二の腕、下半身、腹筋などの主要パーツを、疲れない程度にこまめに鍛える習慣を身につけよう。

→ P100〜102をチェック!!

Point:1

隙間時間にちょこちょこ ダイエット体操

Point:2

食べすぎた日は、48時間以内リセット

食べすぎたなと思ったら、食後にウォーキングなどの有酸素運動を取り入れて、血糖値の上昇を緩やかに。翌朝は、野菜ジュースやカフェオレ、昼食は消化のいい低カロリーなもので調整。食べたものが脂肪に変わる前に、48時間スパンでリセットしています。

Point:3

痩せ体質になる 姿勢を心がける

家事や仕事、スマホなどで前傾姿勢の女性が増えています。猫背になると、呼吸が浅くなり代謝が低下、太りやすい体質になってしまいます。前にすぼめた肩を開くように意識し、首からデコルテラインがきれいになるように意識するだけで、呼吸が深く代謝も上がり、痩せ体質に。

→ P103をチェック!!

体は48時間固形物を何も食べないと、自然と排泄モードに切り替わり、消化器官や肝臓にたまった毒素を体外に排出。消化器官を休めることで、自己免疫力を高め腸内環境を整えることができます。半年に一日はプチ断食で、体をリセット。肌の透明感も変わります。

Point:4

半年に一度は、プチ断食

How to 断食

医師や専門家の監修のもとで取り入れて。おすすめは、「まいこ ホリスティック スキン クリニック」のメディカルファスティング! https://mhs-cl.com/ ☎03(6712)7015

Point:5

夜はねっとり 汗出し&毒出し風呂

シャワーですまさず、常温の水を飲んだあとに湯船にゆっくり肩までつかるのがおすすめ。抹消血管が広がり代謝がアップし、汗とともに老廃物が排出されやすくなるんです。リフレッシュしたいときは41℃ぐらいの熱めのお湯、リラックスしたいときは37℃から40℃のぬるめが◎。入浴剤を入れると効果UP。

●お風呂のおともはコレ！

冷え対策なら重炭酸！
a 湯上がりまでポカポカが持続。重曹とクエン酸配合で、つるつるの肌に。薬用ホットタブ重炭酸湯Classic [医薬部外品] 45錠 ¥3600／ホットタブ重炭酸湯 b 芯から温まり、肌がすべすべに。BARTH中性重炭酸入浴剤 30錠 ¥2700／TWO

発汗&むくみ取りはミネラル系
c 死海の塩が発汗をサポート。ジョルダニアン デッドシー ソルト 500g ¥4200／BARAKA d フランス・ブルターニュ地方の海水を凍結乾燥。むくみ対策にテキメン。フィトメール オリゴメール ピュア 2kg ¥31000／アブコ e 汗を描きにくい人に◎。シークリスタルス 国産 エプソムソルト 2.2kg ¥1200／ヒロセ

乾燥したボディにやさしい潤い
f 潤い成分が敏感な肌を乾燥から守る。キュレル 入浴剤 [医薬部外品] 420ml ¥1000（編集部調べ）／花王 g カミツレエキス100%で肌を保湿&鎮静。華密恋 薬用入浴剤 400ml ¥2200／カミツレ研究所 h 発酵パワーで芯から温めながら、しっとりとした肌に。浴用バスコーソ [医薬部外品] 100g×6包 ¥1800／大髙酵素

How to 毒だし風呂

汗や老廃物をしっかり出したいときは、いつもよりじんわり汗をかく「デトックス風呂」。まず、入浴前に酵素入りのドリンクを飲む。→41℃のやや熱めの湯船に肩まで約20分つかり、じんわり一番汗をかく。その際にお水を持ち込み、こまめに飲むのが効果的。→お風呂から出たら、バスローブや部屋着を着て布団に約10分くるまり、体を休めつつさらに二番汗をかく。→このお風呂と布団にくるまる行為を再度繰り返す。

> Topic
隙間時間にできる
ちょこちょこダイエット体操

Upper Body 上半身ダイエット

肩甲骨を動かして、猫背をリセット。代謝のいい体質に

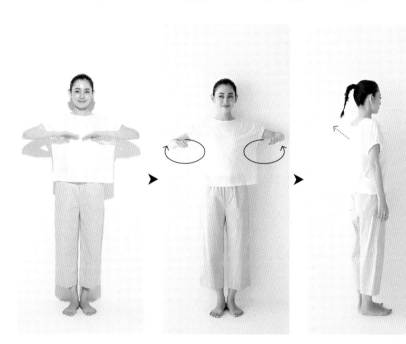

1/
**両手を肩の位置に上げ
ひじを曲げる**

両手を肩と水平の位置に上げ、手のひらを床に向ける。肘を曲げ、両手は胸元で向かい合わせに。

2/
**テーブルを拭くように
腕を水平に回す**

手のひらで大きなテーブルを拭くつもりで、胸から水平に大きな円を描くように腕を回す。約15回。

3/
**後ろから引っ張られる
感覚で肩甲骨を寄せる**

肩甲骨の間を、後ろからキュッと引っ張られているつもりで、肩甲骨同士を寄せる。約10秒キープ。

二の腕ダイエット

腕まわりのコリをほぐし
すらっとしなやかな
二の腕にストレッチ

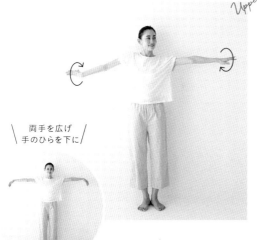

両手を広げ
手のひらを下に

両手を伸ばし、
左右を交互にひねる

腕を肩まで水平に上げ、手のひらを床に向ける。左右を逆方向にドアノブをひねるように回す。約15回。

下半身ダイエット

しゃがんで立つ、ゆるスクワットを約15回。下半身の大きな筋肉を鍛えて、全身の筋肉量&代謝をアップ！

1 / 足裏を床につけ、後ろ重心で立つ

足裏全体を床につけ、くるぶしで身体の重みを受け止めるように、後ろ重心で立つ。

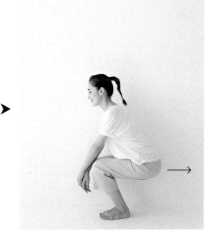

2 / 身体が「Z」字になるようにしゃがむ

足裏を床につけた後ろ重心のまま、身体を「Z」字に折り曲げるようにしゃがむ。

Potto Belly ぽっこりおなかダイエット

座ったままできるらくらく腹筋で、腰を痛めることなく
簡単&確実におなかをぺたんこに。隙間時間にできるのがうれしい。

1
イスに浅く腰かけ両脇を手で支える

イスに浅く腰をかけ、両手でイスの両脇を持って、背筋をまっすぐに立てて直角になるように体を支える。

2
つま先と膝を伸ばし両足を交互に上げる

おなかを引っこめつつ、つま先と膝を水平に伸ばし、足を座面と水平になるよう上げる。左右交互に各10回。

Topic
毎日の積み重ねで歴然の差!
痩せ体質になる正姿勢 Lesson

スマホやパソコンの普及で、猫背になりがちな現代人。壁を利用して、首・肩の力を抜き、まっすぐ立つ練習を。呼吸が深く入りやすい、巡る姿勢にリセットして。

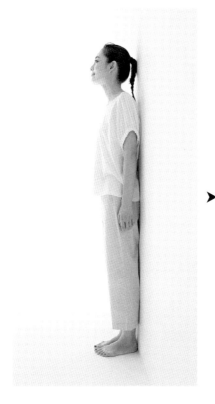

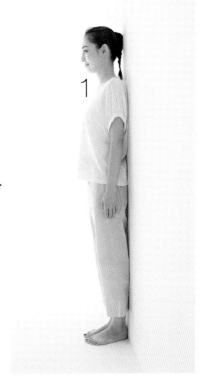

1/
壁にもたれ、胸を開く。
後頭部と背中を一直線に

壁にもたれ、肩甲骨の間をつままれる感覚で胸を開く。後頭部と背中が同じ位置にくるように意識。

2/
首を伸ばして肩の力を
抜き、あごを引けば完成!

首をすっと長く伸ばし、肩をストンと落とす。あご先で数字の1を書く要領で、あごを引く。

"Mariko's" Advice

15

いちばん老け見えする目元は先手ケア

[Eye care first, which looks aged]

目元は、頬と同じケアでは守りきれないから
アイケアコスメは投資のしどころ

　ティッシュを一枚とって、薄くはがして二枚にするところを想像してください。頼りないほど薄い、これが目元の皮膚の厚さだといわれています。ティッシュの2分の1の薄さしかないうえに、皮下脂肪や皮脂腺も少なく、バリア機能が弱い目元は、外的刺激、摩擦、乾燥などによってダメージを受けやすく、最初に小ジワが目立ちやすいファーストエイジングサイン頻出ゾーンでもあります。頬や額と比べても乾きやすいので、顔と同じケアではとても足りない。だから、目もと専用につくられたアイケアコスメに投資してほしいんです。もちろん、ゴシゴシとクレンジングしたりもご法度！　アイケアというと目元の皮膚ばかりに力を注ぎがちですが、顔の印象をグッと若返らせるのが目玉の保湿です。目の玉が潤っているだけで、3歳は若く見えます。現代人はスマホやパソコンの影響で目が乾きやすい環境にあるので、ぜひ目薬を活用したアイケアを。大人の目元にはアイケアコスメと目薬、どちらも必要です。

Topic
今も未来も変わる！ 基本の先手ケア

アイケアコスメと目薬に先行投資して、潤んだ瞳とハリのある目元をキープして。一般的に目元コスメはお高めですが、悩みが深刻化していない場合は保湿タイプや続けられる価格のものを選びましょう。また、上まぶたを塗り忘れるケースが多いよう。実は上まぶたもゆるんだり、シワっぽくなりやすいので、目元は360°手厚くケアがお約束です。

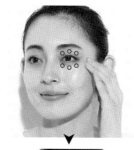

1/
目元360°に ぐるりと塗る

アイケアコスメを中指と薬指で軽くゆるめに、まぶたの上と下にぐるりと塗っていく。

2/
シワはストレッチ しながらなじませる

中指を目尻、薬指を目頭にあて軽く開く。反対の手の薬指の腹で、アイコスメをのばす。

a まぶた、目の下、目尻を360度ケア。手頃な価格が信じられないほどの本格派。アイ エクストラ セラム 15g ¥3048／アテニア　b シワもシミも一気に。深いシワにも。ベネフィーク レチノリフトジーニアス[医薬部外品] 20g ¥8000（編集部調べ）／資生堂

瞳をキラキラさせる目薬 selection

"目のにごりやドライアイ、疲れ目、エイジングなど、そのときの症状に合わせて目薬をチョイス"

瞳の潤いは印象を変えるもの。デジタル疲れした目を休め、充血を取り、栄養や潤いを与える目薬習慣をつけましょう。c 12種の有効成分が疲れ目をリセット。Vロートプレミアム[第2類医薬品] 15mℓ ¥1500／ロート製薬　d 涙目やゴロゴロ、チクチクを緩和。マイティアアイテクト[第2類医薬品] 15mℓ ¥1200／千寿製薬　e バイシン 10mℓ オープン価格／武田コンシューマーヘルスケア　f ドライアイを癒やす涙液型目薬。清潔に使え、携帯にも便利な個包装タイプ。アイリスCL-I ネオ[第3類医薬品] 30本入り ¥1000／大正製薬　g 乾きがちな目に潤いをプラス。Vロートドライアイプレミアム[第3類医薬品] 15mℓ ¥1500／ロート製薬

Topic
シワ、たるみ、ドレープ etc.
目元のエイジングに効く+αケア

まぶたのくぼみやシワ、たるみ、ドレープなどの目元悩みが徐々に固定化してしまうのは、コリやこわばりを放置したせい。滞って重くなる目元を解放する、ほぐし&巡りケアで、今からでも間に合うエイジングケア！この段階だと、コスメは多少の投資が必要。

1 / 目の下を3本指で流す

クリームをなじませ、3本指で目頭を押さえこめかみまで流す。

2 / ゴルゴラインをプッシュ

薬指の先で、目頭から鼻脇の"ゴルゴライン"に沿って、プッシング。

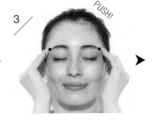

3 / 眉尻〜こめかみをツボ押し

3本の指で、眉尻からこめかみをツボ押し。目元の巡りを高める。

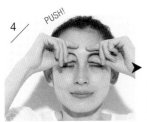

4 / 眉骨をつまみ上げ

親指を眉頭の下、人さし指を眉の上に添え、眉骨を軽く持ち上げる。

5 / 額を上に上にすり流す

両手のひらで、眉下から生え際に向けて額をやさしくすり上げる。

h 特殊な3層構造で目元のハリと立体感を再構築。こっくり濃厚な感触。B.A アイゾーンクリーム 26g ¥18000／ポーラ
i 加齢により減少する脂肪量に着目。脂肪にまでアプローチするので、くぼみが気になる目元に最適。エクシア AL リペア プランプ アイクリーム 15g ¥15000／アルビオン

"Mariko's" Advice

16

豊かなツヤのある髪は
自分でつくれる

[You can make your rich and shiny hair yourself.]

美しい髪は、ふかふかの頭皮から。
頭皮コンシャスなヘアケアを心がけて

　髪はその人の雰囲気をつくるもの。顔と違ってメイクで装えないぶん、素の髪のコンディションがいい日やヘアスタイルが決まった日は、それだけで気分が上がります。美しい艶髪を育むには、ヘアケアはもちろん、スカルプケアも大切。カウンセリングで頭皮をさわらせてもらうと、カチカチになっている人が多いことに驚かされます。現代女性はマルチタスクで、一度にたくさんの情報を処理し、矢継ぎ早にいろいろなことを考える生活を送っています。頭を使って頑張ったぶん、頭皮がこってしまうのも無理はありません。頭皮が硬くなったら、そのつどほぐして。髪を農作物にたとえると、頭皮は畑。硬い頭をほぐして清潔にし、栄養を与えれば、健やかな艶髪が育まれます。そして、顔と頭皮はひとつながりなので、頭皮の状態がいいと肌のハリツヤもアップ。頭皮をマッサージするだけで、目がパチッと開き、顔がシュッと引き上がったりするのです。豊かな髪は、ふかふかの頭皮から。頭皮コンシャスなヘアケアを始めましょう。

Topic
豊かなツヤのある髪をつくるコツ6

1 シャンプー前に逆さブラッシング

シャンプー前には、ブラッシングで髪の絡まりやほつれをとります。さらに、頭を下げて襟足から頭頂部までを"逆さブラッシング"し、汚れを浮き出させ、かき落とします。血行や巡りもアップして一石二鳥。頭皮に気持ちいい圧をかける、クッションタイプのブラシがおすすめです。

2 素洗いで汚れの7割を流す

シャンプーで洗う前に、何もつけない状態でぬるま湯シャワーで全体を素洗い。あらかじめホコリ・毛穴汚れ、ヘア剤の汚れを落とすことで、シャンプーの泡立ちがアップ。髪をしっかり濡らしておくことで、余計な摩擦ダメージを防止にもつながります。これで汚れの7割はオフ!

3 頭皮コンシャスなシャンプーを3点置き

きれいな髪は頭皮から。シャンプーは頭皮のことを考えてつくられた、頭皮コンシャスなプロダクトを選びましょう。髪の上で泡立てず、洗顔フォームのように手で泡立ててから、泡を頭頂部と左右の側頭部に3点置き。頭皮を乾燥させずムラなく洗います。

4 シャンプーのついでに頭皮マッサージ！

シャンプーのときに洗うのは、髪ではなく頭皮です！ 頭皮を洗いながら、しっかりともみほぐし、一日のコリをリセットして。まずは側頭部に両手をあてて頭を挟むようにぐるぐると回し、側頭筋を緩めます。さらに、生え際から後頭部にかけて、頭皮をつかんでジグザグとマッサージするように洗います。頭皮のやわらかさは、耳上の地肌をつかめるかどうかで見極めて。

側頭部に手をあててくるくる回して、側頭筋を緩める。

生え際から、頭皮をつかむようにジグザグと洗う。

5 トリートメントはとかして塗ると段違い！

トリートメントは地肌にはつけず、耳から下あたりの傷んだ髪に塗って時間をおきます。トリートメント用の目の粗いコームで髪をとかすと、キューティクルのすみずみまで行き渡り、仕上がりのツヤとしっとり感が歴然。時間があるときは蒸しタオルやヘアキャップをかぶって温めると浸透がアップしてさらに美髪に！

お風呂用の抗菌ブラシ。
マペペ バスタイムヘアケアコーム ¥750／シャンティ

6 ゴシゴシ拭かず、濡れ髪にオイルを仕込む

タオルでゴシゴシ拭くと摩擦ダメージを与えるのでNG！ 髪はタオルで挟んで押さえ、地肌はタオルでもむようにして水分を吸いとります。さらに、濡れた髪に、アウトバスヘアケアのオイルやミルクを毛先を中心に仕込んで。髪を濡れたままで放置せず、ドライヤーで頭皮にしっかり風をあてるように乾かしていけば、ツヤツヤ髪の完成です。

Topic
事情別！ 美髪を育む名品図鑑

シャンプーは頭皮本位で選ぶ！
【シャンプー】

乾きがちな頭皮を保湿しながら洗う

a 豊かな泡立ちで、乾燥しやすい頭皮の潤いを守りながら洗う。[医薬部外品]フローディア スキャルプ シャンプー モイスト 400㎖ ¥5000／デミ コスメティクス

軽やかな頭皮とまとまる髪を約束

b アミノ酸系洗浄成分配合の軽やかな泡で、頭皮はすっきり、髪はしなやかに洗い上げる。華やかな香り。ウカ シャンプー ナイティナイト 300㎖ ¥2750／uka Tokyo head office

頭皮のベタつきが気になる人に

c 潤いとさっぱりを両立。オレンジとラベンダーの天然精油の香りに癒やされる。H&A スカルプスキン gr〈グロー〉シャンプー 300㎖ ¥4800／サロン・ド・リジュー

時間がない人向けのオールインワンタイプ

d 頭皮と髪をコラーゲンでケアする、しっとりした泡立ちのオールインワンシャンプー。トリートメント イン シャンプー 360㎖ ¥2800／ニッピコラーゲン化粧品

オイル仕込みでまとまりやすい艶髪に
【アウトバストリートメント】

長時間ツヤを持続させたいならコレ

e アルガンオイル配合で、光沢に満ちたしっとりシルクのような手ざわりの髪に導く。モロッカンオイル トリートメント 100㎖ ¥4300／モロッカンオイル ジャパン

素髪がきれい？と思わせる軽やかなツヤ

f まるで素の髪がやわらかく艶やかになったような、ほどよい軽さとナチュラルな仕上がりが唯一無二。CH ユイル クロノロジスト 120㎖ ¥5500／ケラスターゼ

スカルプマッサージのお供に
【スカルプケア】

ボリュームとコシを復活させたい人向け
g 植物成分が活力チャージ。髪の根元を太らせ、立ち上がりのいいボリュームヘアに。インヴァティ アドバンス ヘア&スカルプ エッセンス 150㎖ ¥8200／アヴェダ

一品で万能に使えるオイル
h トリートメント、スタイリング、オイルパック、頭皮マッサージに活躍。爽やかな柚子の香りでリフレッシュ。ゆず油 無添加ヘアオイル 60㎖ ¥1000／ウテナ

薄毛や抜け毛の悩みに、頭皮の集中ケア
i ホルモン由来の悩みにも。ルネ フルトレール トリファジック プログレッシブトリートメント 5.5㎖×8本 ¥9800／ピエール ファーブル ジャポン

心も頭皮もやわらかくほぐす
j 天然成分99%の芳しいオイルで、毛穴に詰まった皮脂やスタイリング剤などをすっきりオフ。スキャルプ&ヘア トリートメント リムーバー 60㎖ ¥4800／THREE

ダメージを受ける前に先手ケア
【ヘアUV】

紫外線と酸化ダメージを防いで艶髪に
k バイオダイナミック製法のエッセンシャルオイルを贅沢配合。髪を守りながら艶髪に。サン ウェイ サンプロテクティブ エリクサー 100㎖ ¥3800／アラミック

サラサラ感触で、最高値ブロック
l サラツヤの髪に整えながら、紫外線を強力にブロック。ベルガモット&ラベンダーの香り。スプリナージュ UV シャワー SPF50+・PA++++ 45g ¥1600／アリミノ

自分史上最高の美髪に
【ヘアケア家電】

いつものトリートメントで感動の仕上がり
m 超音波の力でトリートメントの浸透をアップ。お風呂の中でコードレスで使えるのも魅力。CARE PRO®〈ケアプロ〉¥28000／ベースメントファクトリーデザイン

"Mariko's" Advice

17

肌には暮らしが あなたが透ける

[Your life and yourself appear on your skin.]

みずみずしい暮らしが、みずみずしい肌を、
表情豊かな毎日が、表情豊かな肌をつくる

　人間らしさは肌に出る。その人が普段どんな暮らしをしているのか、どんな気持ちで過ごしているのか、肌には不思議と映し出されます。肌を褒められるのがうれしいのは、「肌がきれい」＝「そのままのあなたがきれい」や「あなたの生き方がきれい」に聞こえるから。メイクや服を褒められるより、自分自身を褒められている気持ちになるんですよね。私が美しいなと感じるのは、ふっくら透明感があって表情豊かで、ほのかなぬくもりを感じさせる「生きている肌」。毎日の積み重ねの中で、ともに育つことができる、命ある美しさを放っている肌です。動いていて血が通っているからこそ、造形や皮一枚だけでは捉えきれない美しさが宿る。生きているからこそ、生活の潤いや気持ちの余裕、幸せなのか、元気なのかが現れます。肌には人生が現れるから、毎日コツコツ気持ちの豊かさを育てて、小さな幸せを感じることから始めてみませんか。

Chapter 2

水井真理子の

美と健康あふれる生活をのぞき見

水井真理子のちょこっと美習慣

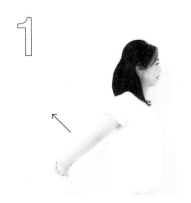

1 肩甲骨リセット

パソコンやスマホに向かううち思わず猫背になり、体がこってガチッとロックされる。そんなときは、後ろで手を組んで肩甲骨を寄せ、つまりをリセット！

2 乾く前にリップケア

よく話す仕事なので、唇が渇きがち。乾いてから塗っても、すでにガサガサ状態なので、座ったらリップクリームを塗る習慣をつけ、常に先回り保湿を意識。

3 一日1カ所5分掃除

毎朝5分、散らかっているのが目についた場所を、一日1カ所ちょこちょこ掃除。帰ってきたときに、気持ちいいし、手がつけられないほど散らかるのを防止。

4 隙間時間に首回し

疲れがたまってくると、首や肩がもりっとして太くなり、ごつい印象に。気づいたときに首を左右に回すだけでも、ほぐれてやわらかくなり、首元もすっきり。

忙しい日々、疲れてしまったとき。まとめてきちんとやるのは難しくても、毎日ちょこちょこなら、きっとできる。隙間時間を見つけて小さな美習慣を積み重ねればトラブルの前に先回りケアができるし、やがてチリも積もって山となり、きれいの貯金がたまる。ちょこっと美習慣で、きれいをいつも近くに。

ながら足コリほぐし

足の裏にはむくみのツボが集中。デスクワークのついでに、足裏でゴルフボールをコロコロと転がし、足裏のツボを刺激。血流もよくなり、冷え性にも効果的！

保湿しながら、ミントとレモンの香りで気分転換。
ukaネイルオイル 13:00 5㎖ ¥3000／uka Tokyo head office

移動時間にネイルケア

肌にふれる仕事柄、爪を伸ばせないけれど、せめてきれいに整えていたい。指先が硬くなり、ささくれができやすいので、移動中は必ずオイルを塗るように。

頑張ったあとの頭皮ほぐし

パソコンやスマホを長時間見て目が疲れてくると、頭皮がカチコチに固まり、額や鼻筋のシワやたるみの原因に。こまめに指の腹でつかむようにワシワシほぐす。

気づいたときに手をもむ

疲れたり肩がこっているときは、手根を強めのタッチでもみほぐすとふわふわの手に。常にもんでいるのはもちろん、お疲れぎみの人にやってあげることも。

どこでもきれいをチャージ！
水井真理子的お家動線

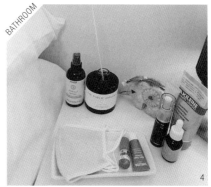

1 出がけにちゃちゃっとUVケア

顔はしっかりUVケアしても、ボディやヘアは後回しにしがち。さっと塗れるボディとヘア用の日焼け止め、大気汚染などから守るバリアミスト、マスクを常備。

2 即ビューティチャージできるワゴン

一番上には大好きなお茶と罪悪感なく食べられるヘルシーおやつ、2段目は必須のサプリや高麗人参、3段目は水。しまいこまず、いつでも手に取れるように。

3 お客さまは香りで心地よくお迎え

玄関は、扉を開けたときにふわっと感じる香りでお出迎え。お手洗いは爽やかな香りが定番。帰ったときに目に入る場所は、植物やオブジェで癒やしもプラス。

4 熟睡へと促すベッドサイドコスメ

寝る前に使うと翌日いい感じになるものを常備。肩コリやむくみをとるボディケアアイテム、良質な眠りに誘う香り、喉スプレー、リップクリームがスタメン。

慌ただしく過ごす中でも、なるべく楽しい気持ちで、手間をかけずについでにケアできるよう、家の中にいろいろな仕掛けを作っています。部屋のあちこちに、心躍るものや、気分転換できるもの、ホッとできるものをちりばめることで、どんなに疲れて帰った日もちょこちょこっと上向きになれる気がするんです。

6 使いやすさ重視のドレッサー

事務机と収納BOXをアレンジしたドレッサー。朝時間がないときでもわかりやすいように整理整頓を意識。引き出しの中は、無印良品の整理用品で仕切ってます。

お出かけポーチをのぞき見

スキンケアの実演でメイクが取れがちなので、グロス、リップ、アイライナー、アイブロウ、スティックアイシャドウ、チーク、ファンデーションを携帯。気分転換できる香りシートやオイル、目薬もスタメン！

5 グリーンいっぱいのリビング

家の中でも自然や風を感じていたいから、部屋の中にはグリーンがいっぱい！ 大きめの観葉植物を置いて、風の流れや季節の芽吹きを感じる小さな森を演出。

7 爪と唇の潤いコスメが集結

二大乾燥パーツの爪と唇の保湿アイテムは、小物入れにまとめてスタンバイ。リップケアは、くすみや保湿、荒れなど、悩みに対応できるようにそろえています。

水井真理子のきれい TRIP

美しいものを生み出すルーツを知る旅が好き。素材の力や丁寧に育まれるプロセスを知ることで、美容や文化への理解が深まり、さらに愛着がわくから。

1 高麗人参の滋養を土作りから知る

20代から愛飲する高麗人参のルーツを訪ね、人参畑を見学に。

2 広大な自然の中ありのままの美に開眼

広大な自然に包まれ、凝り固まった思考が解放された忘れ得ぬ旅。

1 漣川(韓国)

6 ヴェネツィア(イタリア)

6 文化も人も魅力。水の都ベネツィア

歴史ある建造物、ベネチアングラス、チャーミングな人々が魅力。

7 ミツバチの恵みを養蜂場で学ぶ

ハチミツにプロポリス……ミツバチの恵みを学びに養蜂場へ。

2 セドナ(アメリカ)

7 鏡野町(岡山県)

3 江戸に思いを馳せ紅花摘みを体験

江戸時代から女性の美を支えてきた紅の神髄を探りに、紅花の里へ。

4 村も髪も元気に!ゆずオイルの里

ビタミンC豊富なゆずオイルを使った、村おこしの取り組みに感動。

5 日本の地中海でオリーブ三昧

「日本の地中海」と名高いオリーブ栽培発祥の地の恵みを満喫。

4 北川村(高知県)　3 白鷹町(山形県)

8 霧島温泉(鹿児島県)

8 芯から温まる温泉で活力チャージ

芯から体を温める源泉かけ流しの温泉で、疲れをリセット。

9 アーユルヴェーダで全身美容

私の美容の起源とも言えるアーユルヴェーダに触れ、初心に還る旅。

9 マータレー(スリランカ)

5 小豆島(香川県)

美の旅支度 Close-up!

旅先でもきれいを保って快適に。荷造りの知恵をチラ見せ!

機内持ち込みコスメは…
長距離フライトでは
すっぴんで念入り保湿

乾燥する長距離フライトでは潔くメイクを落として、高保湿スキンケアやリップをまめに重ね塗り。到着後に塗るCCクリームも持ち込みます。

スーツケースの中は…
開けた瞬間に中身が一目瞭然な
メッシュ収納を活用

開けた瞬間に、中身がわかることを最優先にパッキング。寒暖差に対応できる羽織ものも必須。ニコちゃんマークのポーチでウキウキもプラス。

機内の体調整えグッズは…
首と足首を守り
冷えともらい風邪
からガード

足首と首をVENEXでガード。むくみ防止の5本指ソックス、肌ざわりのいいコットンストールと風邪防止のマスクも必須。

旅友に配るのは…
ささやかな
気遣いを配って
和やかな旅に

密封に入れたお配りコスメを人数分準備。おやつや、ちょっとした体調管理に役立つアイテムも一緒にプレゼント。

ボディグッズは…
歩き疲れた足を
ケアするオイルと
目的別入浴剤

たくさん歩く旅先には、足のだるさを流すオイルは必ず。癒やしや巡りアップなど、目的別の入浴剤や万能バームもイン。

おわりに

　私が美容の世界に辿りついたのは、美容を通して頑張っている女性を応援したいという想いからでした。日々の生活が肌をつくり、気持ちの在り方ひとつで肌は変わる。ほんの少しの気づきを増やしてあげることで、今よりもずっときれいは近づいてくれるはず。この本を通して、少しでもきれいを引き寄せるお手伝いができたら、笑顔を増やすことができたら、こんなに幸せなことはありません。

　この気持ちを汲んで2年もの間、本の完成を見守り続けてくださった集英社インターナショナルの石渡孝子さん、温もりあふれる豊かな表情を引き出してくださったカメラマン天日恵美子さんとヘア＆メイクAYAさん、美容の要でもある化粧品を美しく撮ってくださったケビン・チャンさん、この本を素敵に表現してくださったモデルの今井りかさん、いつもありったけの愛情で一緒に言葉を紡いでくれた中島彩さんと長田杏奈さん、早く本を読んでみたいと応援してくれながらデザインしてくださった藤原佐和子さん、美容を通して私に学ぶ機会をくださった多くの皆さまのおかげで心を込めた本を作ることができました。本当にありがとうございました。

　そして、この本を手にとって最後まで読んでくださった皆さまに心から感謝申し上げます。

2019年10月　水井真理子

[Costume Provider]

〈カバー、P.105〉	トップス ¥14000／カイタックインターナショナル（ヤヌーク）
	ピアス／スタイリスト私物
〈P.2、P.66〉	ワンピース ¥24000／アンシェヌマン（アナカ）
	ピアス ¥86400／ティーラ・アース
〈P.4〉	トップス 参考商品／ランドワーズ（リヨカ）
〈P.15、P.64〉	ブラウス 参考商品［ブラウン］／ランドワーズ（リヨカ）
〈P.20、P.115〉	カットソー ¥11000／ストックマン（マグゾゥ）
〈P.24、プロセス〉	カットソー ¥9000／ストックマン（オットダム）
	パンツ／スタイリスト私物
〈P.37、P.40〜41〉	ブラウス ¥9800／ホワイト ザ・スーツカンパニー 新宿店（ホワイト）
〈P.57〜61〉	シャツ ¥11000／ユニバーサルランゲージ 渋谷店（ユニバーサルランゲージ）
	デニム ¥2,000／カイタックインターナショナル（ヤヌーク）
〈P.63〉	ニット ¥1000／アンシェヌマン（アナカ）
	ストール ¥16000／アンシェヌマン（ニムニムデュアイ）
〈P.81〉	ニット ¥7800／ランドワーズ（オードリーアンドジョンワッド）
〈P.109〉	トップス ¥14000／アンシェヌマン（アナカ）
	ブレスレット ¥6150／ジューシーロック

アンシェヌマン ☎03-5456-0567
カイタックインターナショナル ☎03-5722-3684
ジューシーロック http://www.juicyrock.co.jp
ストックマン ☎03-3796-6851
ティーラ・アース www.tilla-earth.com
ホワイト ザ・スーツカンパニー 新宿店 ☎03-3354-2258
ユニバーサルランゲージ 渋谷店 ☎03-3406-1515
ランドワーズ ☎03-6415-3511

[Shop List]

あ

RMK Division　0120-988-271
アイム　0120-59-3737
アヴェダ　0570-003-770
アクセーヌ　0120-120783
アテニア美容相談室　0120-165-333
アブコ　0120-063-151
AMATA　03-3406-1700
アユーラ　0120-090-030
アラミック　072-728-5150
アリエルトレーディング　0120-201-790
アリミノ　03-3363-8211
アルビオン　0120-114-225
アンダーノイル　06-6307-3216
イヴ・サンローラン・ボーテ　03-6911-8563
イグニスお客様相談室　0120-664-227
ITRIM（イトリン）　0120 151-106
イプサお客さま窓口　0120-523-543
ヴェレダ・ジャパンお客さま相談室　0120-070-601
uka Tokyo head office（ウカトーキョーヘッドオフィス）
　03-5843-0429
ウテナ お客様相談室　0120-305-411
うね乃　0120-821-218
SK-Ⅱ　0120-021325
エスティ ローダー　0570-003-770
エテュセ　0120-074-316
FTC　0120-35-1085
大髙酵素　0134-54-7311
大塚製薬 エクエル専用窓口　0120-008-018
Oki エゴマオイル　06-6438-6122
奥能登塩田村　0768-87-2040
オルビス　0120-010-010

か

花王（エスト、ソフィーナ）　0120-165-691
花王（ビオレ）　0120-165-692
花王（キュレル、めぐりズム）　0120-165-696
カネボウ化粧品　0120-518-520
カネボウインターナショナル Div.　0120-518-520
カバーマーク　0120-117-133
カミツレ研究所　0120-57-8320
カラーズ　050-2018-2557
クラランス　03-3470-8545
クリニークお客様相談室　0570-003-770
クレ・ド・ポー ボーテ　0120-86-1982
ケラスターゼ　03-6911-8333
ゲランお客様窓口　0120-140-677
Koh Gen Do（こうげんどう）　0120-77-4107
コーセー　0120-526-311
コーセー（プレディア）　0120-763-327
コーセープロビジョン　0120-018-755
コスメデコルテお客様相談室　0120-763-325

さ

齊藤造酢店　075-462-6032
佐野みそ亀戸本店　03-3685-6111
サロン・ド・リジュー　03-5793-3359
サンルイ・インターナッショナル　03-5724-5331
シャンティ　0120-56-1114
ジェノマー　0120-337755
シスレージャパン　03-5771-6217
SHISEIDO お客さま窓口　0120-587-289
資生堂インターナショナル　0120-81-4710
資生堂　0120-81-4710
資生堂薬品　03-3573-6673
SUQQU　0120-988-761
スピック　0467-24-1045
THREE　0120-898-003
千寿製薬お客様インフォメーション　0120-078-552

た

第一三共ヘルスケア　0120-013-416
大正製薬　☎03-3985-1800
武田コンシューマーヘルスケア　お客様相談室
　　　0120-567-087
長寿乃里　0120-32-3594
ディセンシアお客さまセンター　0120-714-885
DHC　0120-333-906
デミ コスメティクス　0120-68-7968
デュード　☎03-5458-3085
TWO　0120-993-854
ドクターシーラボ　0120-371-217
ドクター津田コスメラボ　0120-555-233

ナリス サイクルプラス お客様センター
　　　0120-186-408
ニールズヤード レメディーズ　0120-554-565
日新製糖　お客様相談室　0120-341-310
日東電化工業　0120-933-871
ニッピコラーゲン化粧品　0120-30-3232
ネイチャーズウェイ　0120-070-209

は

ハーバー研究所　0120-12-8080
BARAKA　☎03-5454-7200
パラドゥ カスタマーセンター　0120-335-413
パルファン・クリスチャン・ディオール　☎03-3239-0618
パルファム ジバンシイ（LVMH フレグランスブランズ）
　　　☎03-3264-3941
BCL お客様相談室　0120-303-820
ピエール ファーブル ジャポン お客さま窓口
　　　0120-171760
ピエール ファーブル デルモ・コスメティック ジャポン
　　ルネ フルトレール事業部　0120-638-344
美・ファイン研究所　0120-393-903
ピルボックス ジャパン　☎03-6804-2922

ヒロセ　☎055-287-9443
ファンケル 美容相談室　0120-35-2222
フェース お客様相談室　0120-9377-655
福光屋　0120-293-285
富士フイルム　0120-596-221
フローラノーティス　ジルスチュアート
　　　0120-878-652
プロティア ジャパン　0120-085-048
ベースメントファクトリーデザイン
　CARE PRO®カスタマー事務局
　customer@carepro-hairmedication.com
ポーラお客さま相談室　0120-117111
ホットタブ重炭酸湯お客様窓口　0120-816-426

マリソル　☎03-3452-9938
丸島醤油　☎0879-82-2101
マンダム　お客さま相談室　0120-37-3337
メディオン・リサーチ・ラボラトリーズ　0120-468-121
メナード　0120-164601
メルヴィータジャポン カスタマーサービス
　　　☎03-5210-5723
モロッカンオイル ジャパン　0120-440-237

ヤーマン　0120-776-282
山田養蜂場 化粧品窓口　0120-83-2222

ラ ロッシュ ポゼ お客様相談室　☎03-6911-8572
ランコム　☎03-6911-8151
レセラ　0120-602168
ロート製薬 お客様安心サポートデスク　☎03-5442-6020
ロート製薬 オバジコール　☎03-5442-6098
ロクシタンジャポン カスタマーサービス
　　　☎0570-66-6940

※この本に掲載している情報は、2019年9月現在のものです。

水井真理子
Mariko Mizui

1972年生まれ。トータルビューティアドバイザー。美容雑誌からファッション誌まで、幅広い年代の雑誌の美容ページやWebを中心に活躍。パーソナルな診断を得意とし、女性が健やかに美しく生きるためのスキンケア法やコスメとのつき合い方を、ひとりひとりの心に寄り添うようにレクチャー。また、エステやアロマ、東洋医学などを学んだ経験から、肌だけにとらわれず、体の内側や精神などトータル面からアプローチする美容を重視し、食や運動、ライフスタイル、心の在り方まで幅広い分野にわたる美容情報を発信。

水井真理子の
寄り添い美容
どんな時も誰でも、一生きれいが手に入る決定版

2019 年 10 月 9 日　第一刷発行

著書	水井真理子
発行人	手島裕明
発行所	株式会社 集英社インターナショナル
	〒 101-0064　東京都千代田区神田猿楽町 1-5-18
	☎ 03-5211-2632
発売所	株式会社 集英社
	〒 101-8050　東京都千代田区一ツ橋 2-5-10
	☎ 03-3230-6080 （読者係）
	03-3230-6393 （販売部） 書店専用
印刷所	大日本印刷株式会社
製本所	ナショナル製本協同組合

定価はカバーに表示してあります。本書の一部あるいは全部を無断で複写・複製することは、法律で認められた場合を除き、著作権の侵害となります。また、業者など、読者本人以外による本書のデジタル化は、いかなる場合でもいっさい認められませんのでご注意ください。
造本には十分注意しておりますが、乱丁・落丁(本のページ順序の間違いや抜け落ち)の場合にはお取り替えいたします。購入された書店名を明記して、集英社読者係宛にお送りください。送料は小社負担でお取り替えいたします。ただし、古書店で購入したものについてはお取り替えできません。

©2019 Mariko Mizui　Printed in Japan
ISBN978-4-7976-7378-4 C0095

STAFF LIST

撮影：天日恵美子 （人物）
　　　KEVIN CHAN （物）
ヘア＆メイク：AYA （ラ・ドンナ）
スタイリスト：程野祐子 （人物）
モデル：今井りか
イラスト：田中麻里子
アートディレクション：藤村雅史
デザイン：藤原佐和子
文：長田杏奈
構成・編集：中島 彩